菅浦文書が語る民衆の歴史
―日本中世の村落社会―

長浜市長浜城歴史博物館 編

ごあいさつ

平成二十三年度（二〇一一）から三年間にわたり、長浜市が行なった西浅井町菅浦の総合調査（文献・建造物・民俗慣行・景観）を受け、今年十月六日に文化庁は、「菅浦の湖岸集落」を重要文化的景観として選定しました。今回の企画展「日本中世の村落社会—菅浦文書が語る民衆の歴史—」は、この菅浦集落の重要文化的景観選定を記念して開催するものです。

長浜市西浅井町菅浦は、中世の村落共同体＝「惣村」の典型と言われ、その歴史や景観を重要文化財「菅浦文書」千二百点余りで追えることで著名です。また、現在も村の結界とされた四棟の門の内二棟が現存、山裾に四ヶ寺が並ぶなど、中世の村落景観を保持していることでも知られています。

本展では、これまでまとまって展示されたことがない「菅浦文書」の中から三十六通を展観し、その他関連史料を紹介するなか、中世村落の自治のあり方、地頭・荘園領主・戦国大名・織豊政権との関わりについて掘り下げて解説しようとするものです。また、中世村落の景観という視点で、当時の田畠や門、そして寺院のあり方にも注目します。

古文書と共に展観される「菅浦与大浦下庄堺絵図」は、荘園絵図として全国的に著名ですが、昭和四十四年（一九六九）京都国立博物館での特別展覧会「古絵図」や、昭和六十三年（一九八八）滋賀県立琵琶湖文化館での特別展「近江の古文書」など限られた機会でしか公開されてきませんでした。今回は、約四半世紀ぶりの特別公開となります。

本展の目的は、現在残る菅浦の景観について、古文書により歴史をたどり、より深く理解して頂くことですが、中世村落の自治のあり方が、現代の地方自治・地方創生に、多く示唆を与えることを知って頂くことでもあります。菅浦の景観と共に、その自治の姿が浮き彫りにされれば、本展は成功したと言えるでしょう。

最後になりましたが、本展の開催につき、貴重な作品の出陳をご快諾頂きました所蔵者各位、それに種々ご教示頂きました関係者の皆様に深甚なる謝意を表します。

平成二十六年十一月一日

長浜市長浜城歴史博物館
館長　太田　浩司

目次

菅浦の西船入　画／佐々木洋一

菅浦・大浦庄周辺（国土地理院発行２万5000分の１地形図「竹生島」より作成）

菅浦の集落　撮影／寿福滋

凡例

・本書は、平成二十六年十一月一日から十一月三十日まで長浜市長浜城歴史博物館で開催する企画展「日本中世の村落社会―菅浦文書が語る民衆の歴史―」にともない作成した図録である。

・図版キャプションに附された番号は、巻末の列品解説の列品番号に一致する。列品解説・年表中の【 】内の数字は滋賀大学経済学部附属史料館刊『菅浦文書』の番号を示す。また、法量の単位はセンチメートルである。

・本書の構成・執筆は、長浜市長浜城歴史博物館の館長(学芸員)太田浩司が担当した。ただし、列品解説43の執筆は、同学芸員大竹悦子が行なった。また、論考・年表については、執筆者を冒頭・欄外に記した。

・本書の展示資料写真の撮影は、同学芸員福井智英・牛谷好伸が行なった。ただし、列品番号1・10・20・22・30は、滋賀大学経済学部附属史料館から提供を受けた。また、列品番号38～40は長浜市文化財保護センター学芸員秀平文忠氏が撮影した。同作品の調査については、滋賀県教育委員会事務局文化財保護課の協力を得た。

・風景写真については、撮影者をキャプションに示した。

・列品解説での釈文については、常用漢字を使用することを基本とした。

Ⅰ 菅浦絵図に見る景観

「菅浦与大浦下庄堺絵図」は、中世の菅浦を描いた絵図として著名であり、さらに日本中世の荘園絵図としても代表的な作品の一つである。菅浦と大浦との日指・諸河の田地をめぐる境界争いに当って作成され、両村の境界が朱で引かれた葛籠尾崎と大浦下庄の村々、それに西に位置する海津大崎を絵図上部に描き、菅浦の領家である竹生島を絵図下部に示す。

最近、本図にある「乾元々年八月十七日」の墨書は信用できず、その作成時期は暦応年間（一三三八～四二）頃で、菅浦が竹生島と共に堺相論を展開した時期と考えられている。この図で、竹生島を大きく描いているのは、菅浦を支持する領家としての姿を強調するためであった。ちなみに、本図は竹生島の景観を描いた最も古い絵図でもある。

竹生島は室町時代になると菅浦との関係が希薄になる。菅浦は竹生島に年貢を支払うかを迷った文書が残る。まさに、村が領主を選んだ。それが、中世の菅浦であった。

竹生島　撮影／太田浩

1◆菅浦与大浦下庄堺絵図

（全体）

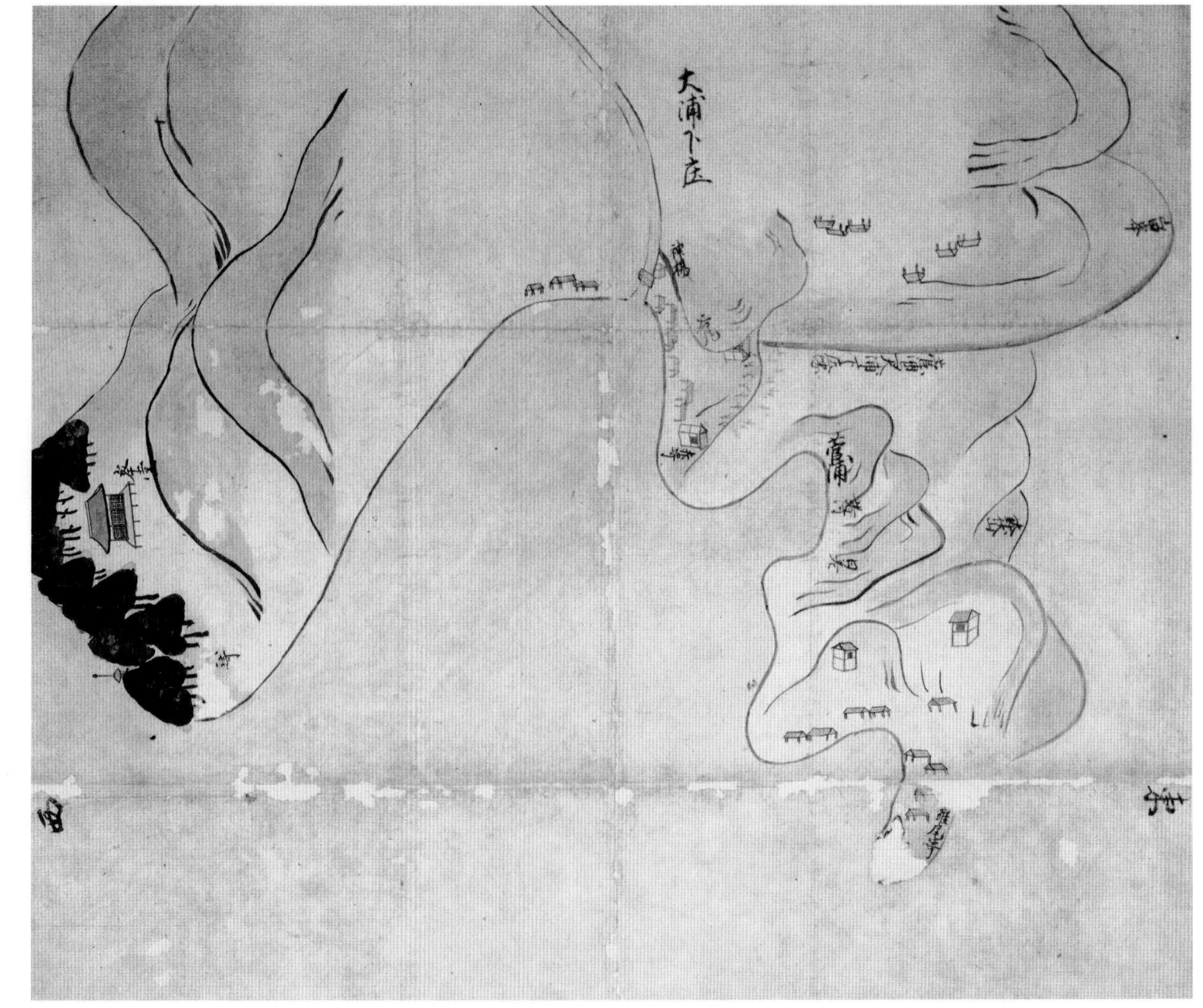

（部分）

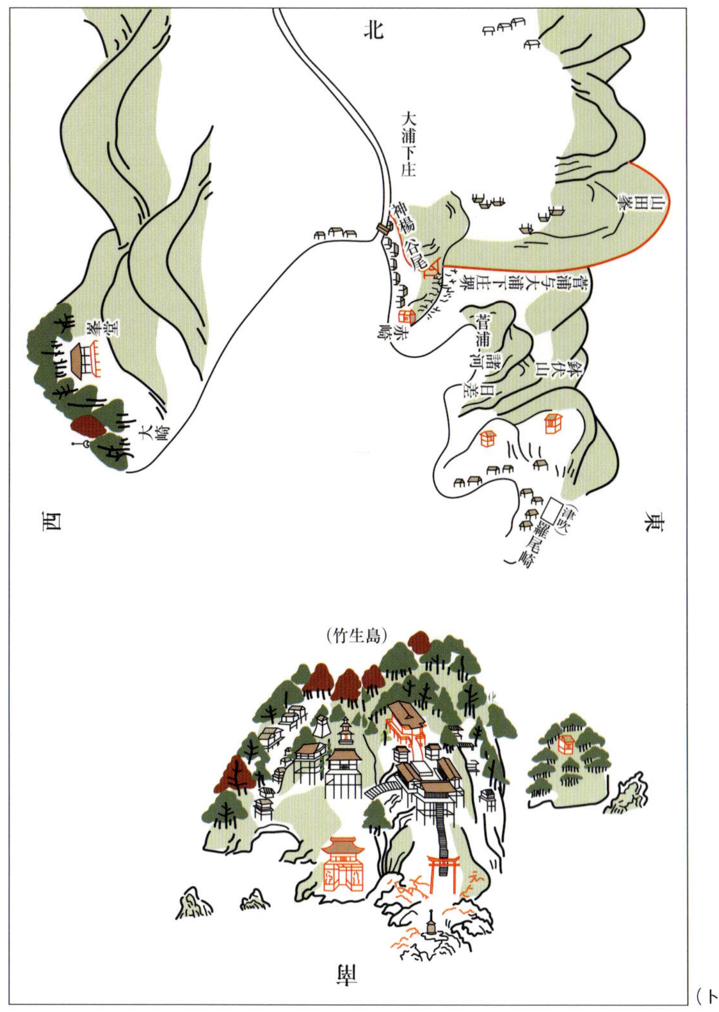

（トレース図）

2 ◆ 菅浦百姓惣中置文案

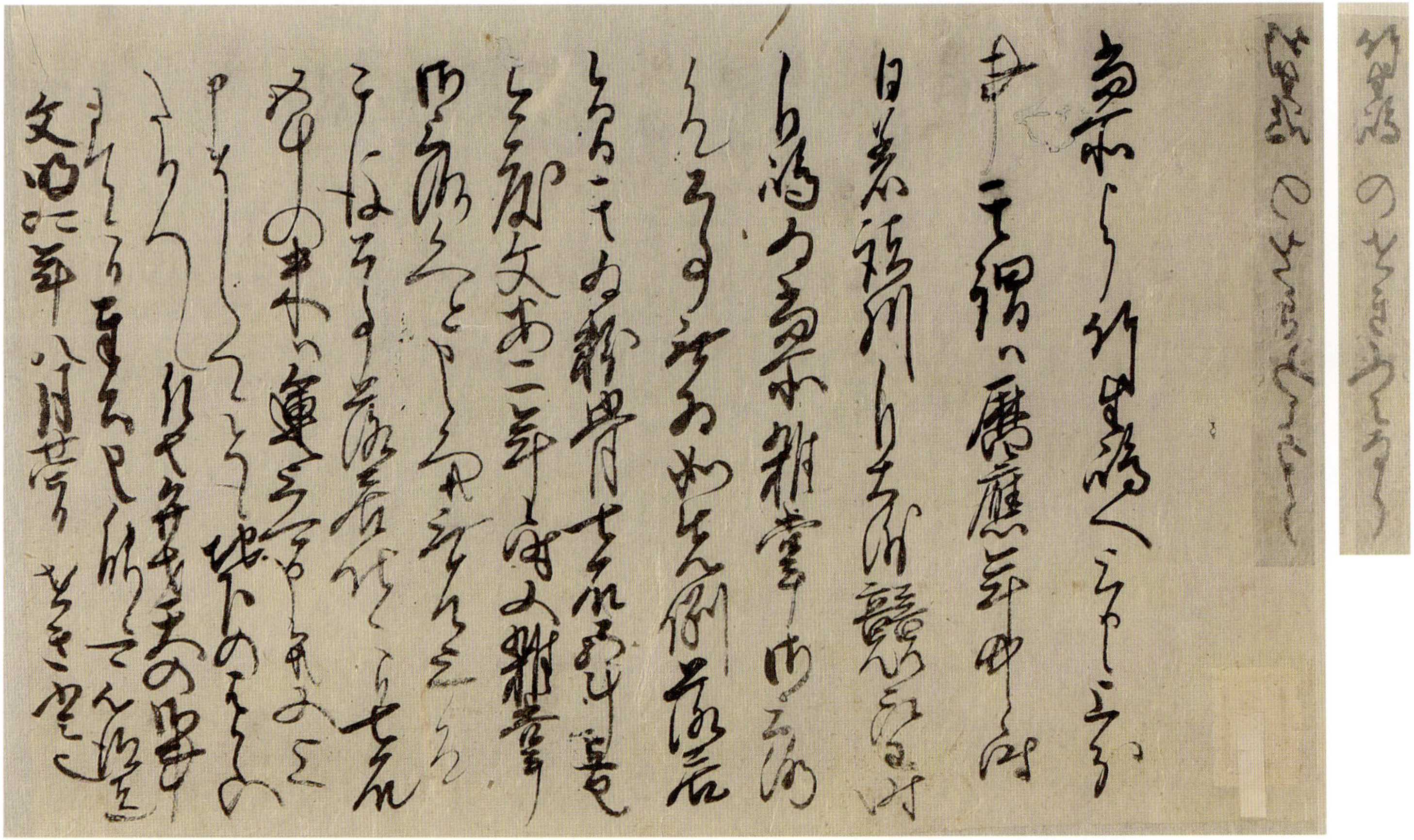

葛籠尾崎と竹生島　撮影／寿福滋

Ⅱ 村を守る戦い

鎌倉後期から菅浦と大浦の間では、その中間にある日指・諸河の田地をめぐり、約二世紀にわたり争いが展開する。朝廷に持ち込まれた訴訟は、建武三年（一三三六）には菅浦が勝訴するものの、暦応三年（一三四〇）には敗訴するという一進一退を繰り返した。この訴訟過程で重要なのは、証拠文書（具書）の収集であった。菅浦は大浦庄の立庄に関する文書をも入手し、一連の戦いを有利に展開しようとした。

一方、関東御家人である小串行方が、文永六年（一二六九）に父・民部大夫入道の代から安堵を受けている菅浦「惣追捕使」の職務を復活してほしいと、菅浦の領家である竹生島に訴えた。さらに、塩津庄（長浜市西浅井町東部）の地頭である熊谷氏が、「惣追捕使」として、永仁五年（一二九七）に菅浦へ乱入して種々の不法を行なう事件が起こった。菅浦はこれら武士たちの侵略に対して、日吉社の「神人」や朝廷の「供御人」としての立場を前面に出して対抗する。

菅浦の御供所　撮影／寿福

3 ◆ 菅浦訴状具書案

(1)

(2)

柳原殿

官符案

太政官符近江国司
応停止四至内円満院所領大浦庄立券事
在浅井郡
四至　東限鳥坂　南限山田谷丁并海
　　　西限神楊谷尾　北限注並并出生離里
右太政官今年二月廿四日下彼国符偁、応以大僧正
諱和尚明尊私所領字大浦庄立券永為円満院
庄以其応輸充用常燈仏聖備供土事、右得明尊
今月廿三日奏状偁、謹検古今御願寺諸院道例、或
諸国給封戸或便所給田畠、以所出物充如此料、其例已多、
更不遑毛挙、今件所領、或先皇御領、或公卿所也、令
先除租税、已経百余年、而今為院領永勤院事、望請
天裁、被賜官符於国、重為不輸租田、除先除臨時雑役、
以彼庄応輸地利、偏充用毎年修正五壇法料并
常燈仏聖備供土料、遂為永代恒例奉祈万年之宝
祚者、右大臣宣、奉　勅依請者、国宜承知依宣行之者、
件庄雖為彼院領四至無所見、右大臣宣、奉　勅、宜仰彼国

(3)

件庄雖為彼院領四至無所見　右大臣宣奉　勅重仰彼国
傍示四至者国宜承知依宣行之符到奉行　正五位下守
権右中弁源経成　正五位下行右大史惟宗朝臣　在判

長久二年十二月十三日

右今年六月五日　院宣偁　菅浦与大浦庄堺相論事
差遣官使加實検可被注申之由被仰下者同八月十七日
實検彼堺注緒前言上也兩方申詞載右所論中之
限南山田峯在所兩方所差申無依違彼山尾際二ケ所之岩
成下東西彼西尾相合二俣南尾至于赤崎（赤崎在所北尾之西方湖深）
際伏山成下津吹羅尾崎之湖際号大石之石有之
山（菅浦差申神楊谷尾　大浦庄申云山之田）彼山田峯迄之成下南北之南峯京助
（于海之在所）
大浦庄差申沢限西神楊谷尾事如菅浦申者如載右山田
峯于西尾二俣北尾崎八幡宮山至于浦左家差申之
大浦庄方者際差遣之入海大崎山南北限峯当西海
津領北当庄領須神楊谷尾是也彼大崎山南北限峯于西
海津領東当庄也彼村之大津久見小津久見佐味南加之
尾当庄内也云々　仍同廿一日於赤崎濱召决兩方之處大浦

（4）

尾當庄内也云々、仍同廿一日於彼崎濱者、以南方之支大浦
庄雖掌申云、日差諸河庄号、以後當庄知行之時、代々
検注帳明白也、而彼浦押領之加之以當庄之前中央称神
楊谷尾之上者、大崎山南北峯筋之以東、非當庄内哉否
可被尋究之由申之、菅浦雖申云所見由之、神楊谷尾以
西菅浦非相論地之間、不及陳答之旨、答之所詮大浦庄西
至堺下實検之旨、両方依申請、限東鳥坂、限南山田峯并
海、限西神楊谷尾、限北住並生并離毘之在所并遠目莫
見于論所畢、両方雖掌申云、彼差下官使之所用者、其
堺、為御不審許也、於理非者、并来當所、陳畢、就今實検
状、更非奏聞理非、同各限之旨、申之、仍見在之趣
實検言上如件
乾元々年八月 日

(5)

4◆小串行方書状案

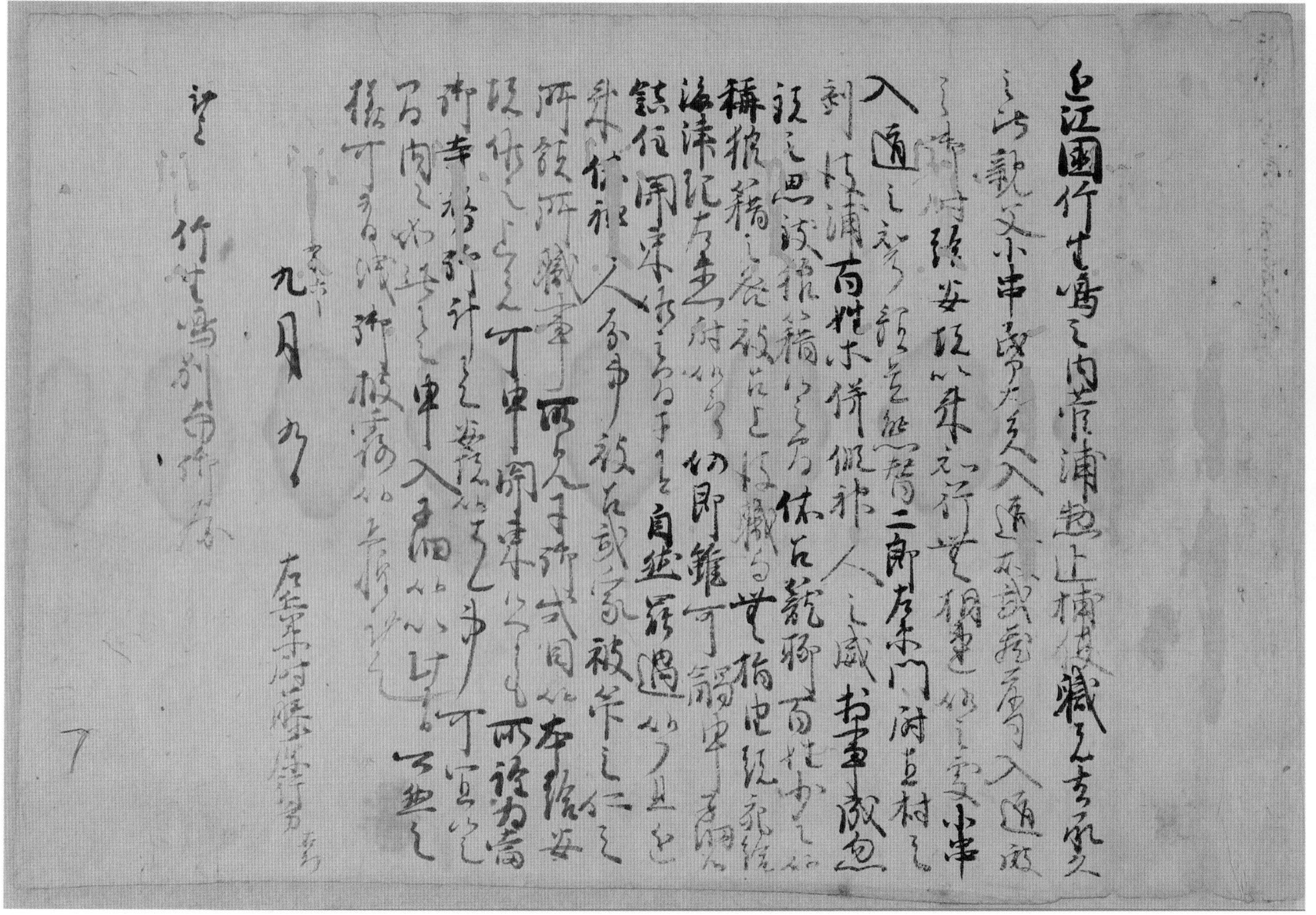

5 ◆ 菅浦供御人等重申状

蔵人所近江国菅浦供御人等重言上
為當國他領塩津地頭熊谷二郎等乗悪追捕使乱入當浦擬令
進退供御人、未致追捕狼藉之間、就被下 綸旨被下三ヶ度
召文之處、是非不及陳状、剰閣供御方沙汰、以領家御方
可進訴陳之由申間、令付去九月廿日御教書於彼地頭之處
不請取彼返上者、早御使差日限、被召出彼此族
七郎二郎、欲蒙御成敗事

副進
二通　御教書案　三通先進畢
一通　先度訴状具書等

件地頭擁不實号、猥追捕使去年十二月之比乱入當浦
可令進退供御人等之由令申矣、致權威追捕狼藉之間
於供御方者、捴追捕使名字、先、永被停止之後、年
序之處、彼七郎二郎及濫妨狼藉之間、被經御沙汰
處中閣供御方御沙汰、以領家御方可進訴陳之由令
申之間、無謂之旨、就訴申、先度被下御教書之處、不請
取上者、早御使差日限、被召上彼地頭熊谷七郎二郎、為
被行狼藉罪科、粗言上如件
永仁六年十月　日

Ⅲ 菅浦の供御人

菅浦の住人は、鎌倉時代以来、天皇家へ供御（食料）を納める「供御人」として登場する。その成立は、「菅浦文書」では天智天皇の時代とか、高倉天皇の時代と主張する。献上する供御の内容は、建武二年（一三三五）の史料によれば、鯉三十四、麦一石四斗余、大豆一石三斗余、枇杷二駄であったことが知られ、全住民（七十二戸）が「供御人」であった。

「供御人」は朝廷の御厨子所・内蔵寮に所属したが、菅浦はこの「供御人」であることを理由に、諸国の湊・関を自由通行できる特権があると主張する一方、この立場を利用し、後述する大浦との訴訟を有利に展開しようとしていた。また、永仁五年（一二九七）に起こった「惣追捕使」熊谷氏の乱入を、この「供御人」の名を武器に排除しようとしている。

菅浦の集落は、もともと庄園体制に含まれなかった「浦」であったと考えられ、その自由な立場が、朝廷の「供御人」としての姿を保証した。

須賀神社の参道　撮影／寿福

6◆御厨子所日代下文

7◆蔵人所下文

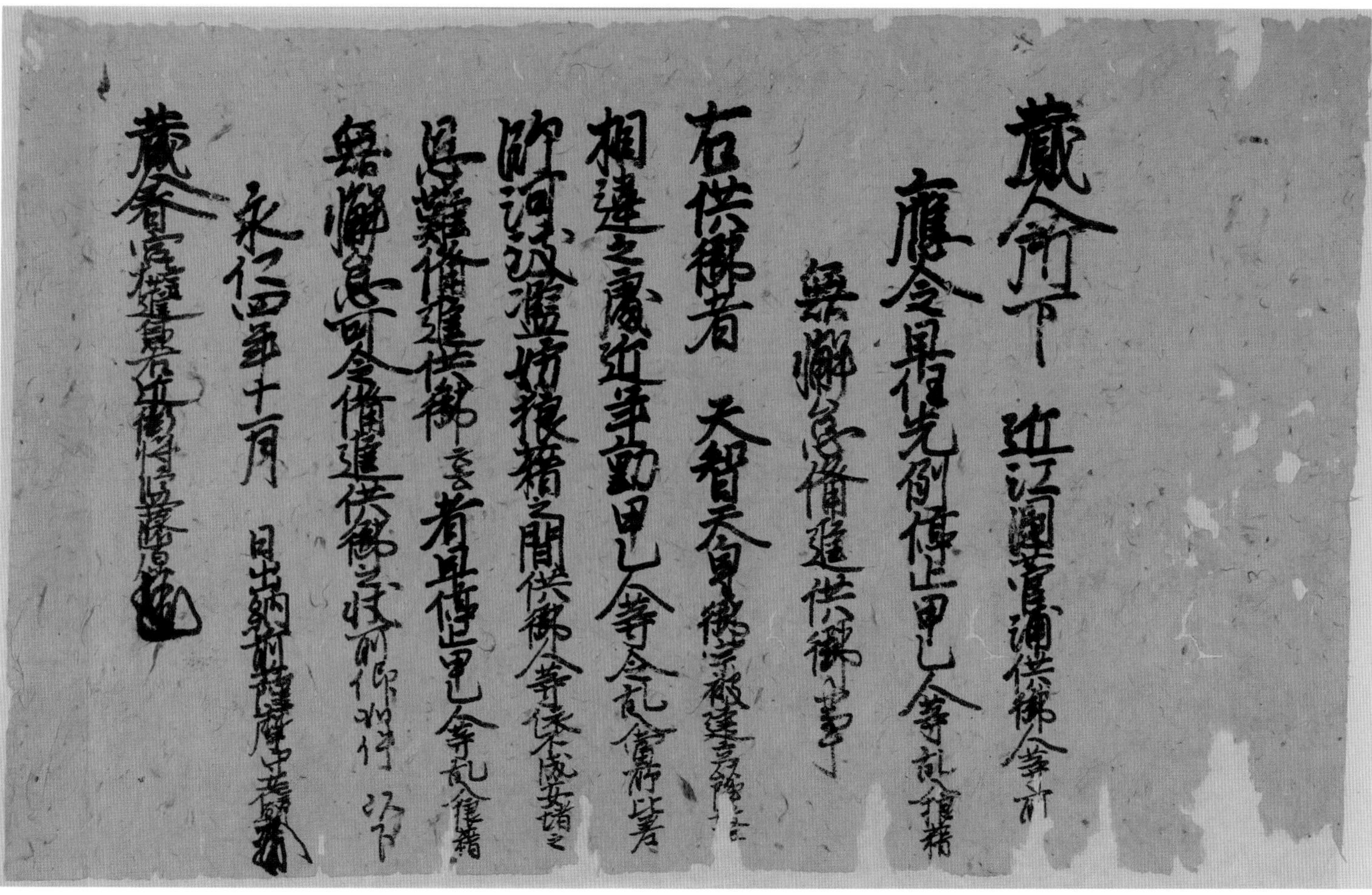

8◆菅浦供御人等申状案

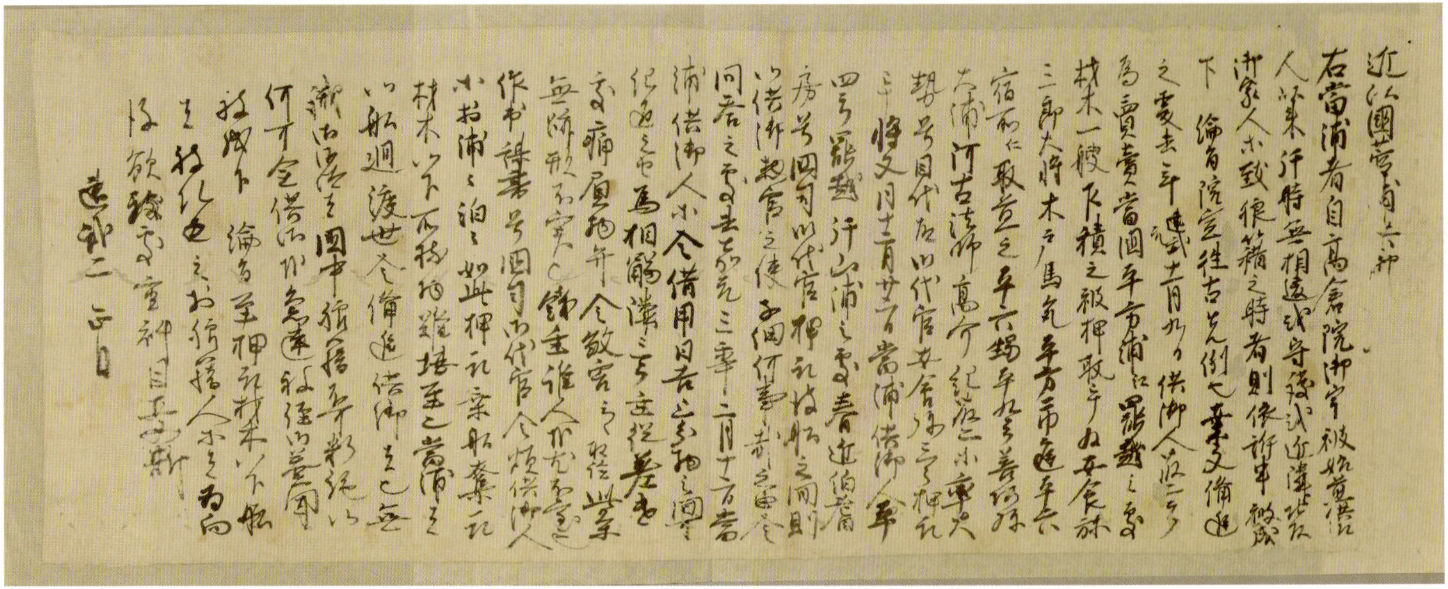

9 ◆ 堅田・菅浦漁場契約状

(1)

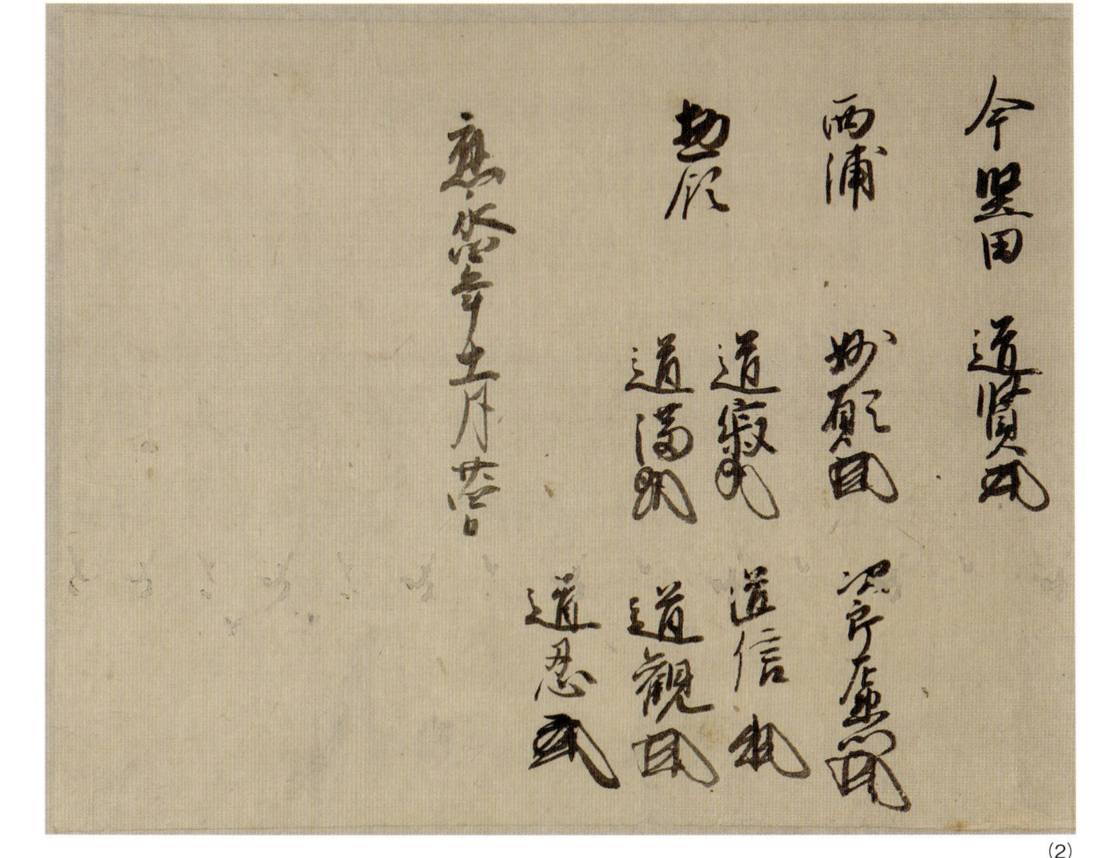

(2)

10◆菅浦住人供御人役誓約状

菅浦港　撮影／寿福滋

Ⅳ 中世 菅浦の田畠と集落

菅浦の集落自体は、葛籠尾崎と呼ばれる半島の西にあり、周囲は山が迫り耕地はほとんど存在しない。菅浦最大の田地は、集落から二・三キロ北、大浦（長浜市西浅井町大浦）の集落に近い日指・諸河と呼ばれる二つの谷に、集中的に存在する。その面積は十六町七段と言われるが、中世の「菅浦文書」には四町半余しか登録されていない。その他、諸河から院内・大浦への途中の赤崎に田地があり、集落内には前田と呼ばれる狭小な田地が存在した。

現在二ヶ所に残る四足門は、かつては集落入口の四ヶ所にあったとされ、中世には「大門」と呼ばれていた。強固な団結を保った菅浦の「惣村」だが、その実像を具体的に現在に伝える文化財と言えるだろう。また、中世の菅浦には少なくとも十二ヶ寺があり、集落から一段高い山際に並んでいたと推定される。この寺庵も、村の内外を画する標識として、重要な役割を担っていた。

菅浦諸河の田地　撮影／太田浩

11◆日指・諸河百姓等請文案

12◆菅浦惣置文

13◆妙善田地売券

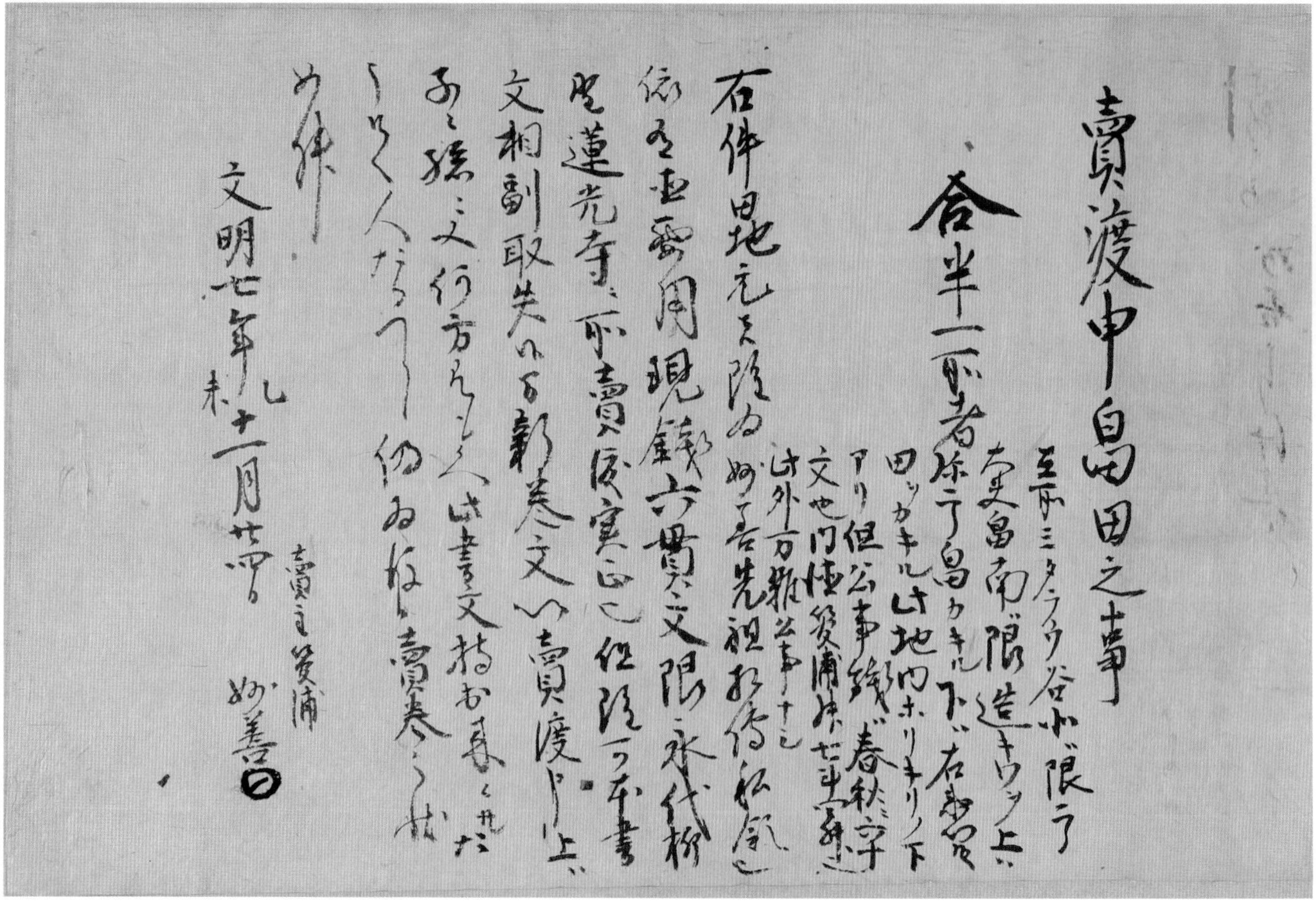

14 ◆ 平介畠地寄進状

15 ◆ 前田分算用帳

(1)

(2)

16◆四五郎畠地売券

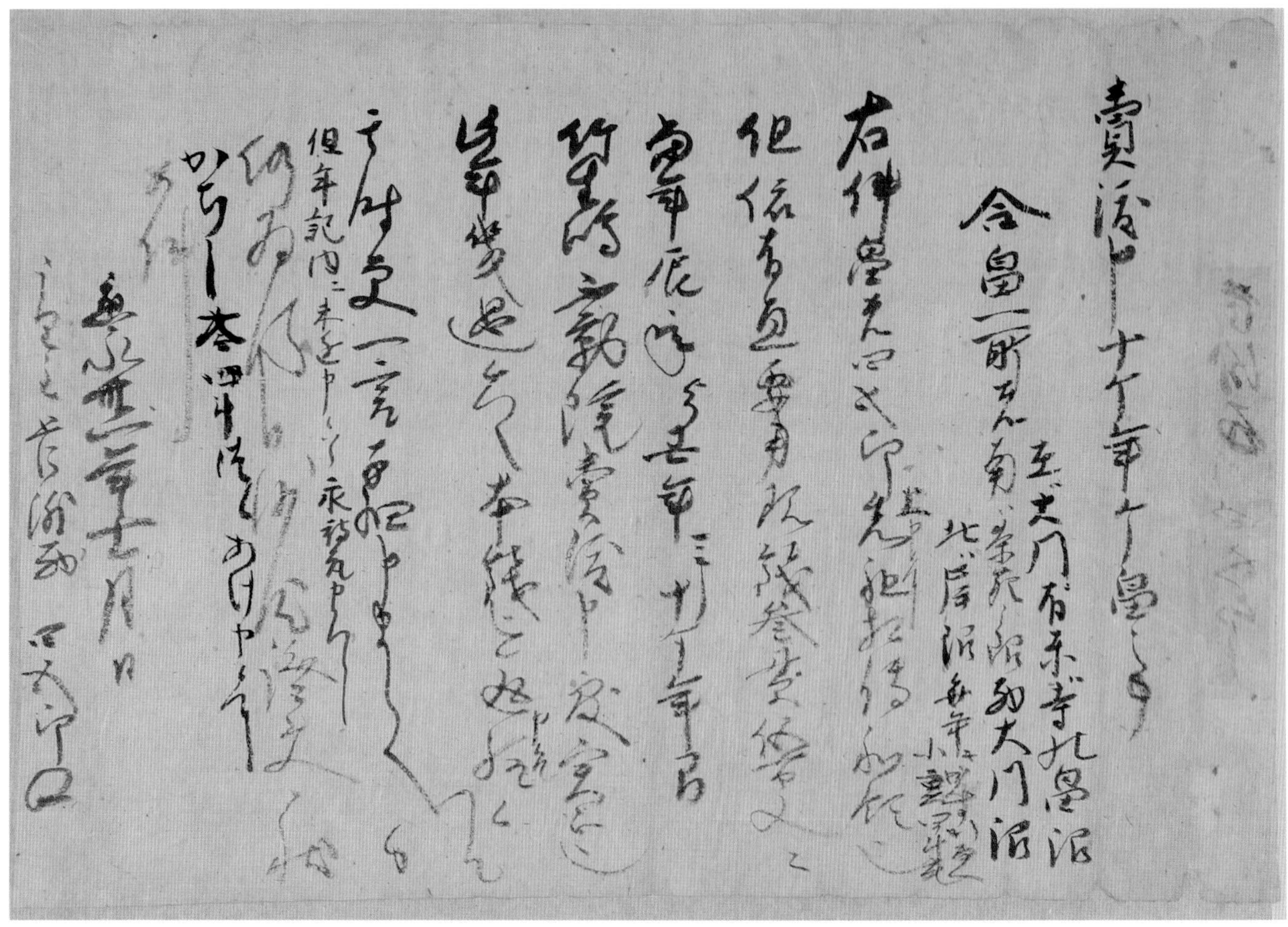

17◆八王子神田寄進状

（前欠）

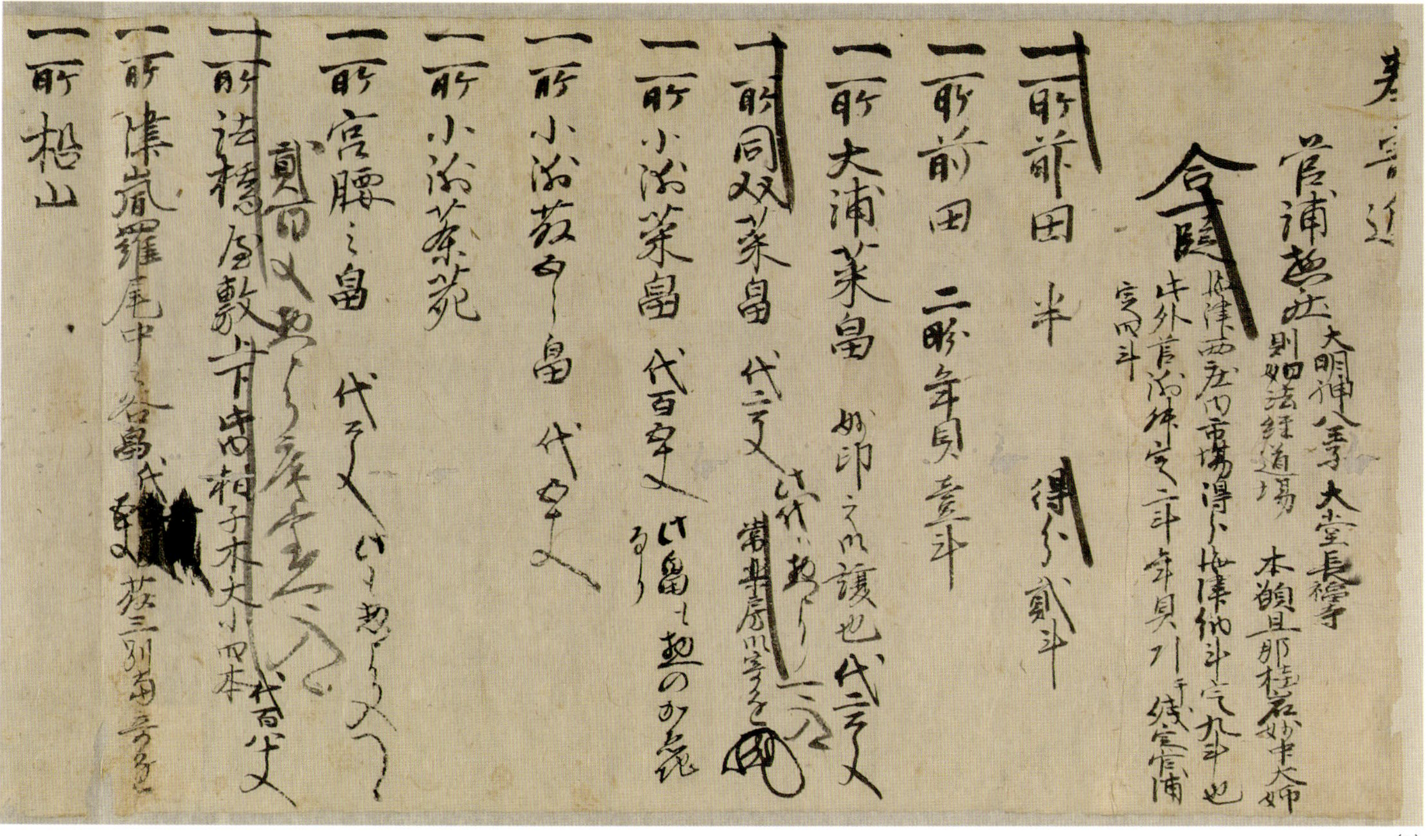

（1）

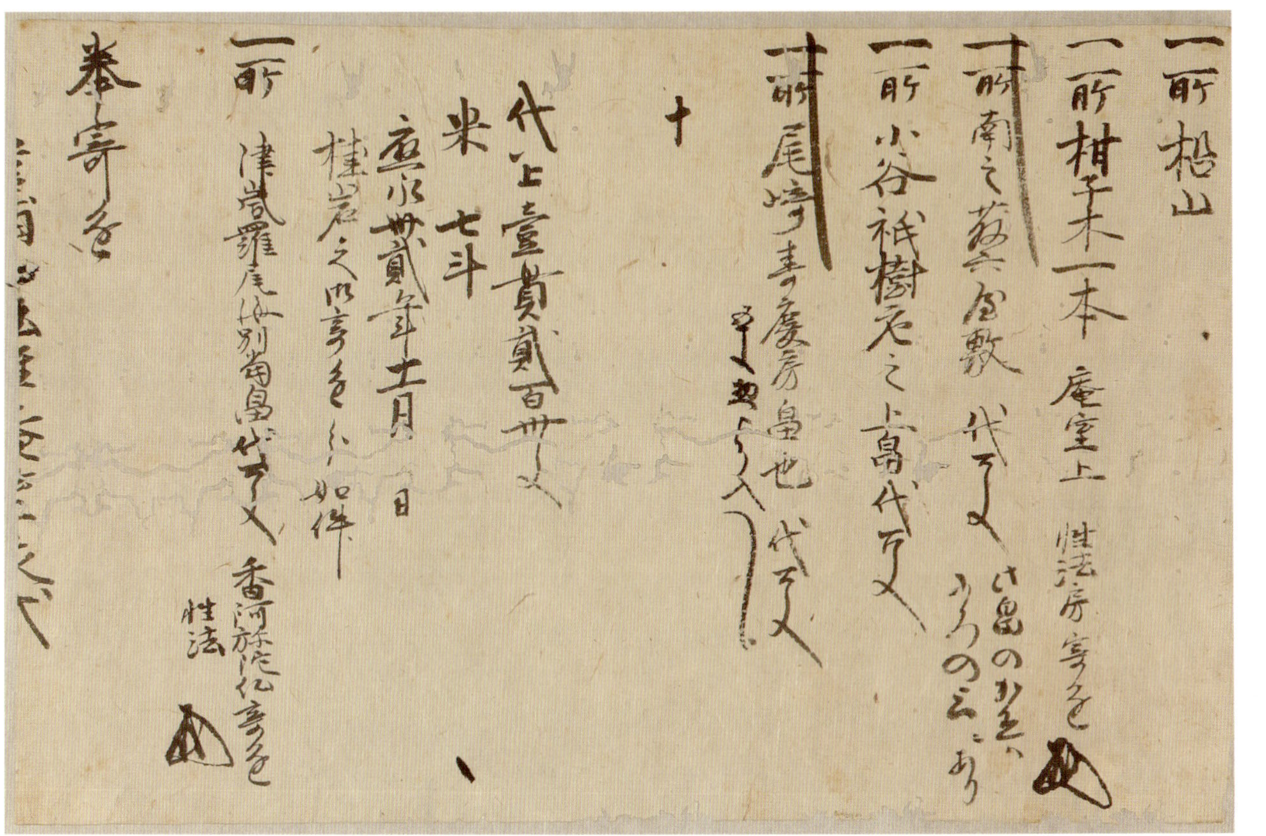

(2)

(後欠)

18◆菅浦算用日記

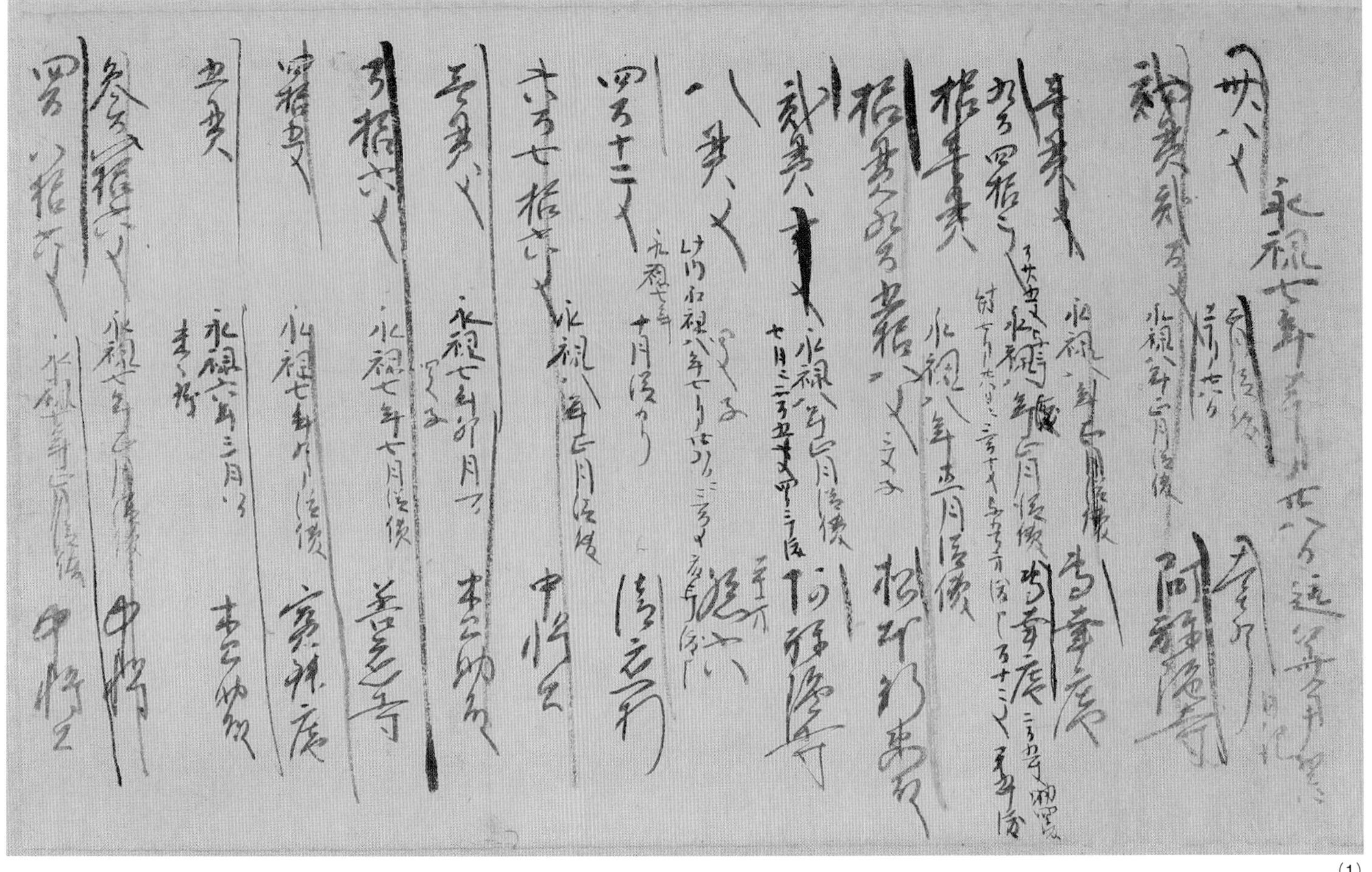
(1)

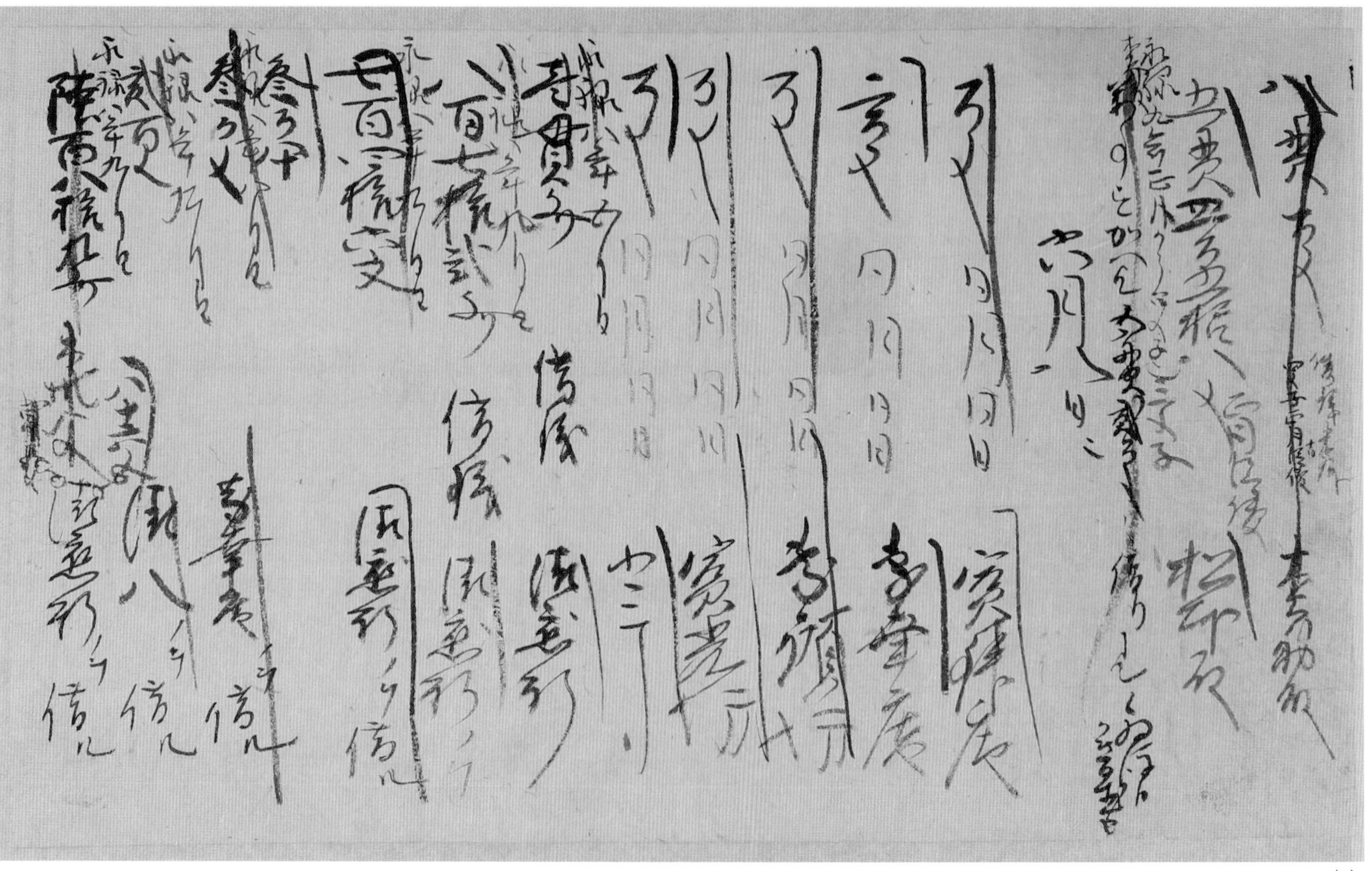

(2)

V 菅浦の村掟と乙名

中世の菅浦では、二十人の乙名(おとな)（責任者）を中心に、高度な自治を保っていたことが知られる。それは、数十通現存する「村内の法律」とも言える「村掟(むらおきて)」に象徴的に表れる。「村掟」では、村人を断罪する場合は、証拠を取って冤罪を防ぐべきことや、親の罪を子に負わせることがないよう、縁座の否定が決められる。また、譲状を最優先に考えて相続を行なうなど、現在の法に照らしても遜色ない、進んだ法理念が村落レベルで貫徹されていた。中世の菅浦は自検断（警察権や裁判権を所持すること）を持っていたのである。

菅浦の乙名として著名なのは、道清（清九郎）である。彼は、大浦との文安相論では、京都で法廷闘争を展開した中心人物であった。また、寛正相論では、滅亡の危機に瀕した菅浦を救うため、同じ乙名の正順と共に代官の前へ降参に出向いた。こういったリーダーのもとで、菅浦の自治は保たれていたのである。

須賀神社の手水鉢　撮影／寿

19◆菅浦所証文

20 ◆ 菅浦惣庄置文

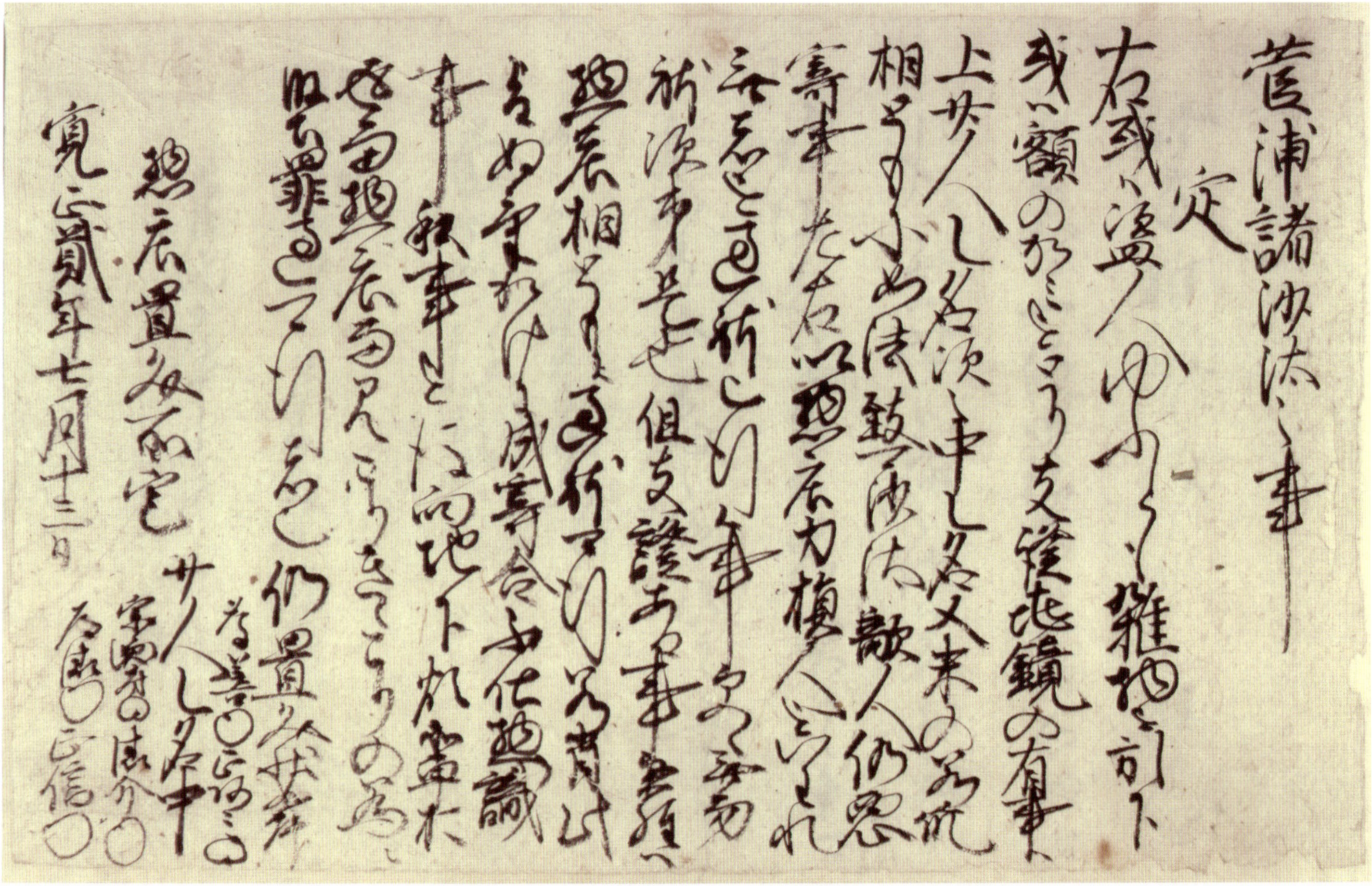

21◆菅浦惣庄地下置文

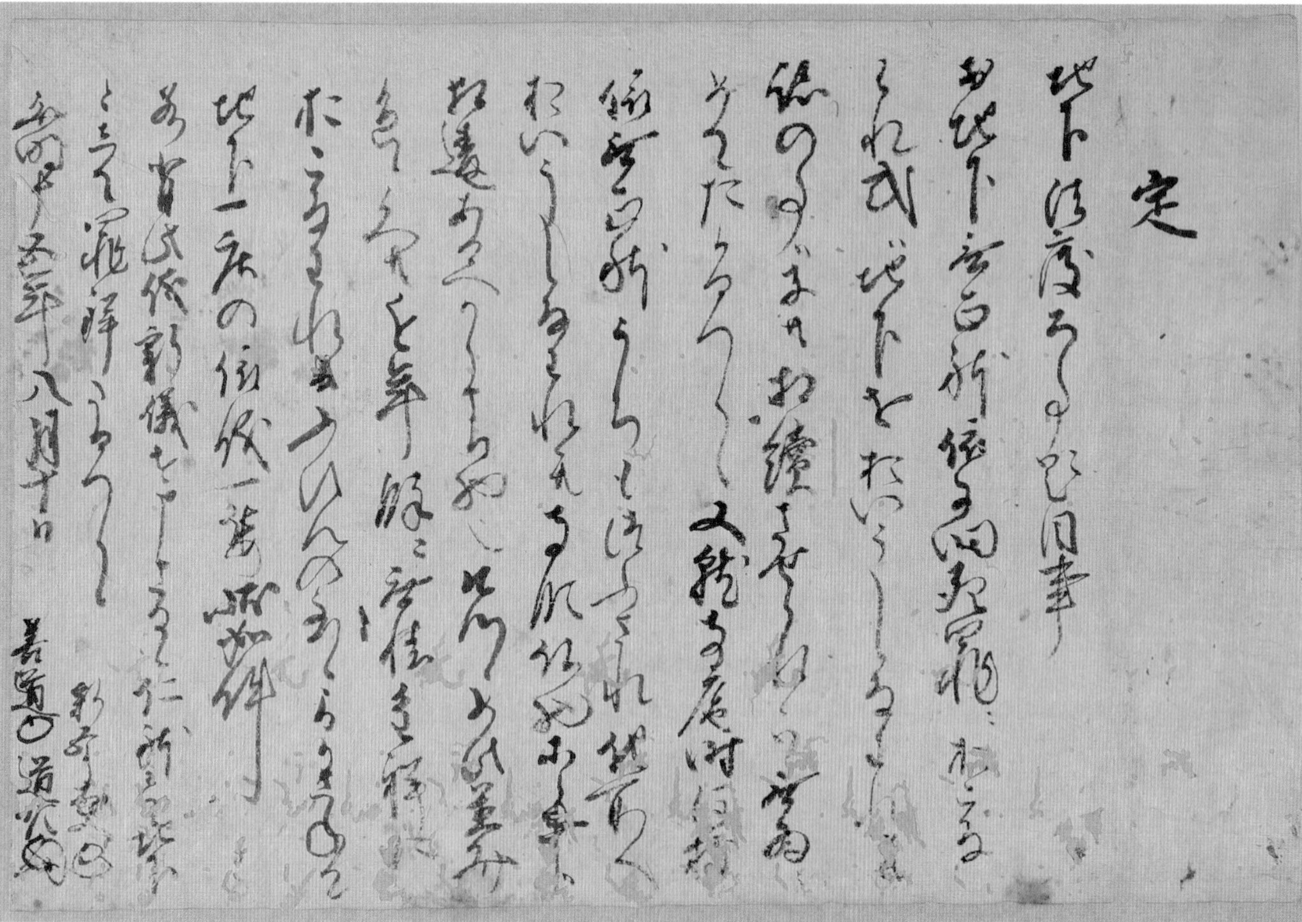

22◆菅浦地下法度置文

23 ◆ 菅浦道清料足寄進状

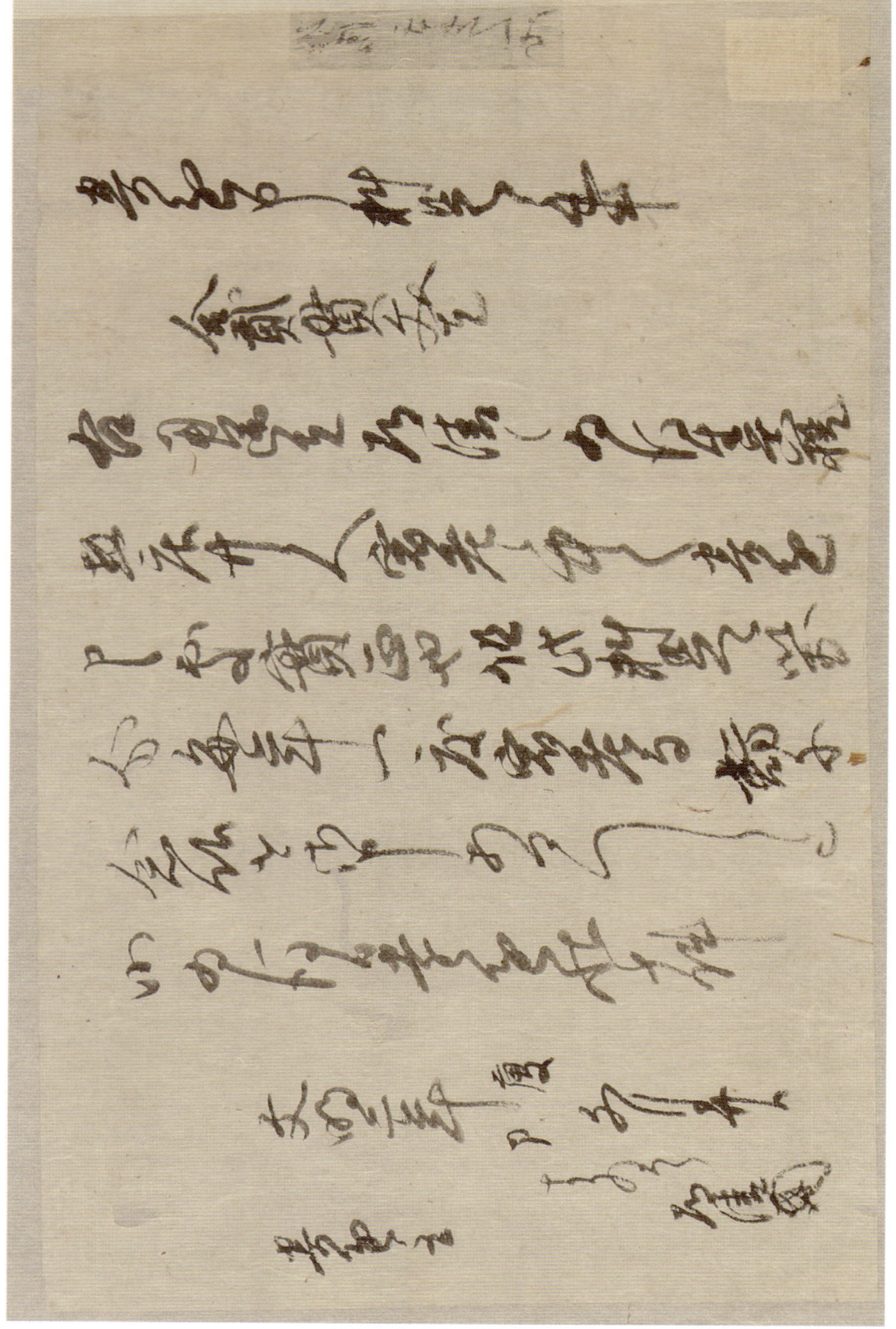

24 ◆ 敏満寺座広名大夫楽頭職売券

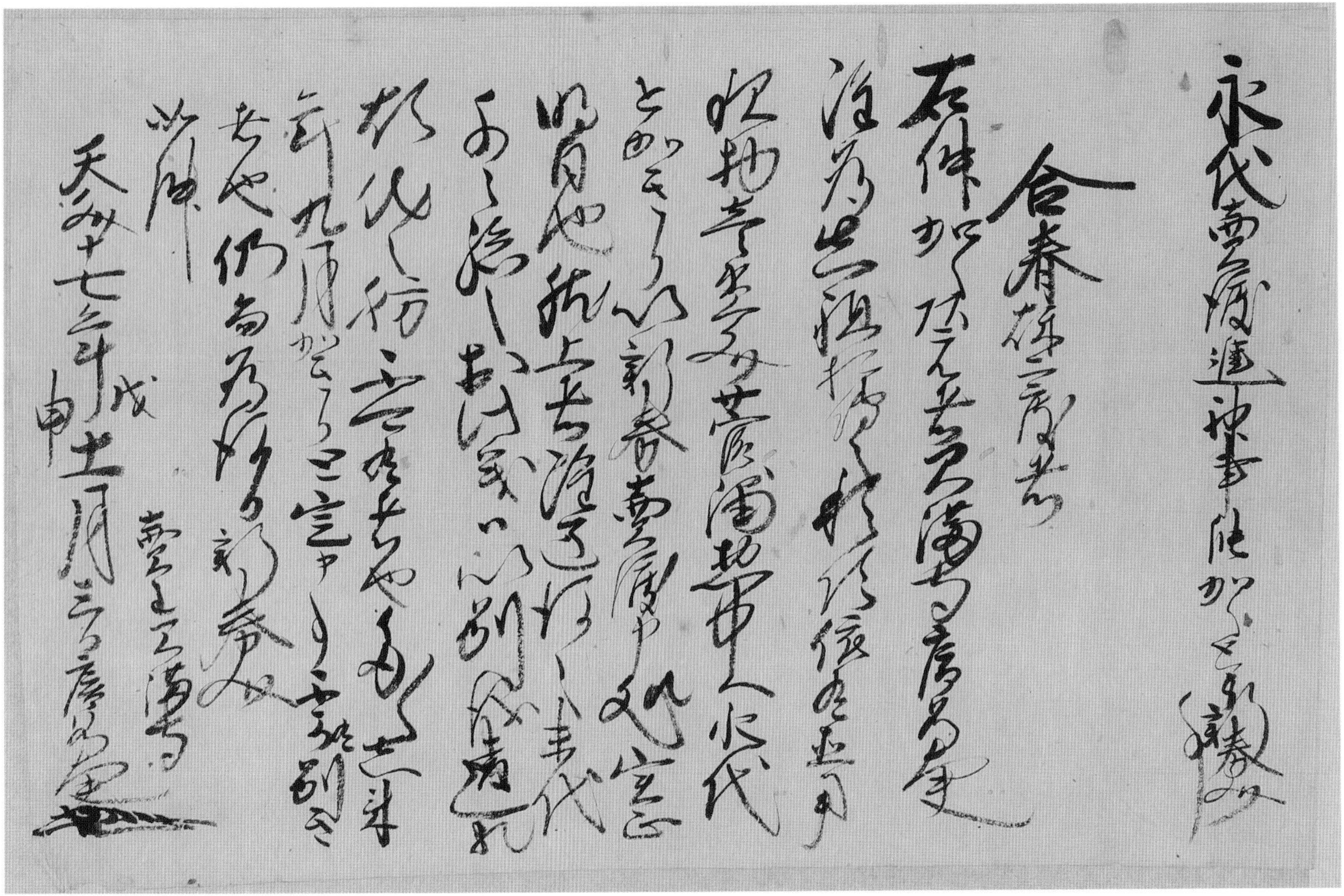

菅浦の四足門（西門）　撮影／寿福滋

Ⅵ 菅浦を取り巻く村落社会

菅浦と大浦の堺相論の内、最も有名なのは、菅浦の村人自身が記した合戦記が残る、文安二年（一四四五）と寛正二年（一四六一）の相論である。文安相論では、大浦が菅浦集落を攻撃、それに対し菅浦も大浦集落を攻撃、日指・諸河の田地で二度の合戦が繰り返された。

寛正の相論では、京都における湯起請（神裁）の結果、菅浦敗訴が決定的となり、領主日野家の代官によって率いられた軍勢に村を包囲され、菅浦は全村滅亡・絶体絶命の危機に瀕する。

この一連の相論において、菅浦や大浦へ周辺の村落や土豪が合力して戦っている状況がある。中世の村落間には、目に見えない複雑な同盟と対立の関係が存在したことが知られる。他方、菅浦には大浦下庄七ヶ村の住民が、代官・松平益親の不法を、領主日野家へ訴えた文書が残っている。そこでは、大浦下庄での村人の生活を伺い知ることができる。

菅浦湖岸の石垣　撮影／寿

25◆菅浦惣庄合戦注記

（1）

(2)

↑
a

↑
b

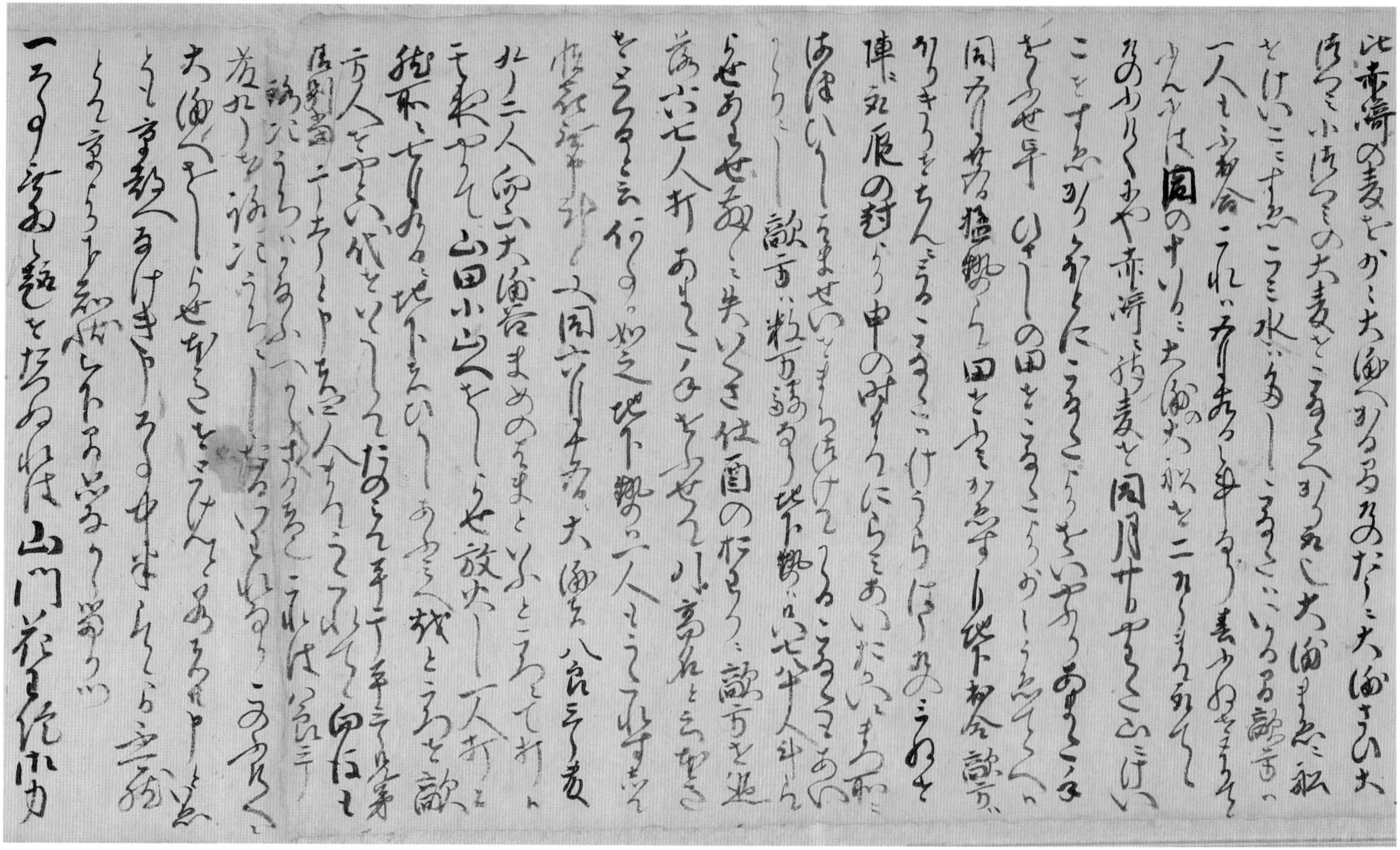

↑
c

(3)

a　1紙～2紙

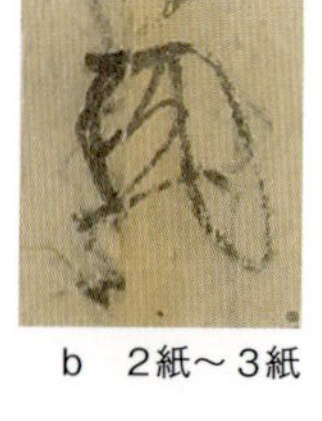

b　2紙～3紙

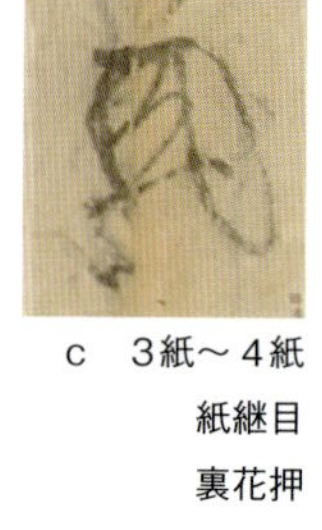

c　3紙～4紙
紙継目
裏花押

(4)

26◆菅浦・大浦庄騒動記

(1)

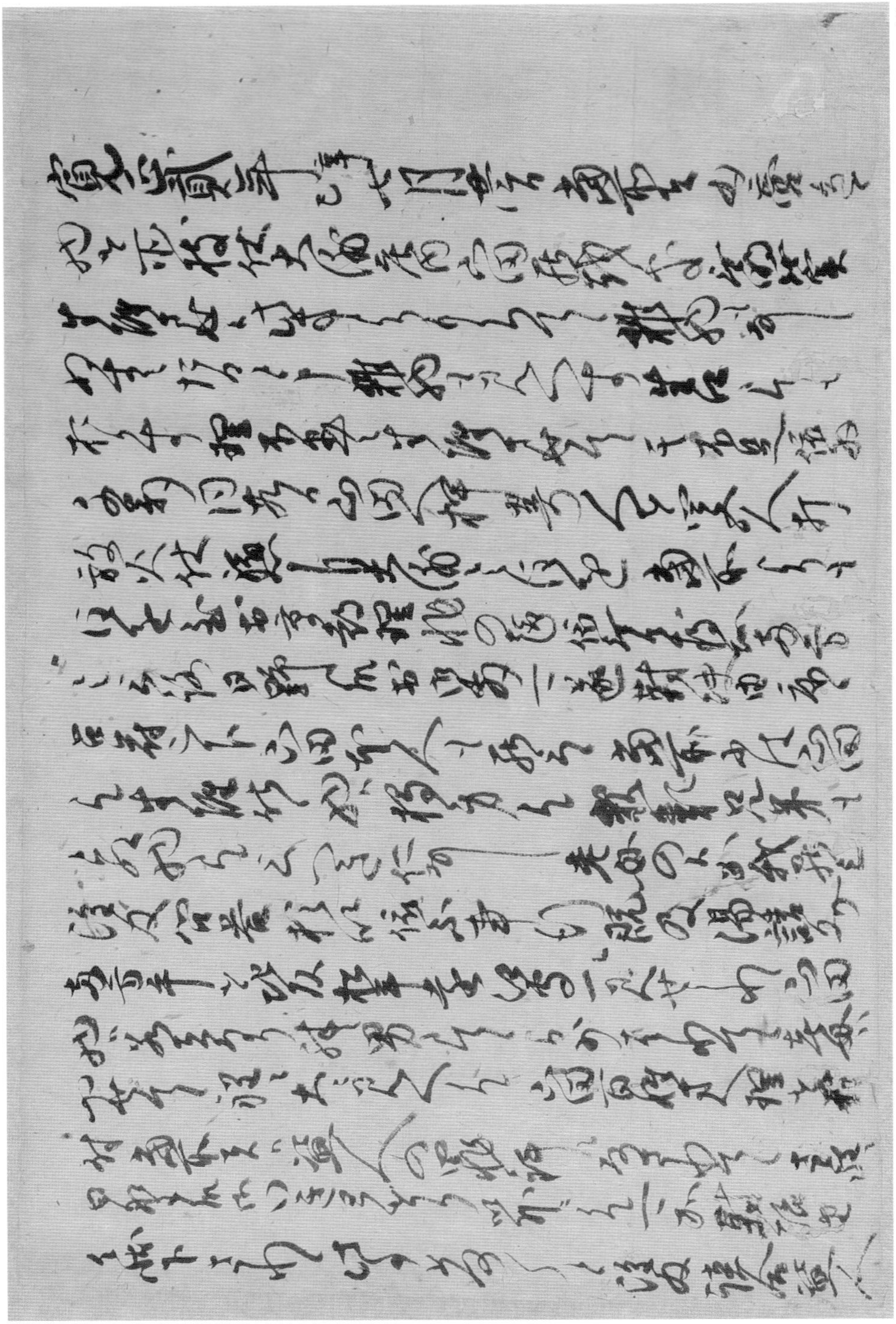

(2)

(3)

27 ◆ 大浦下庄訴状案

(1)

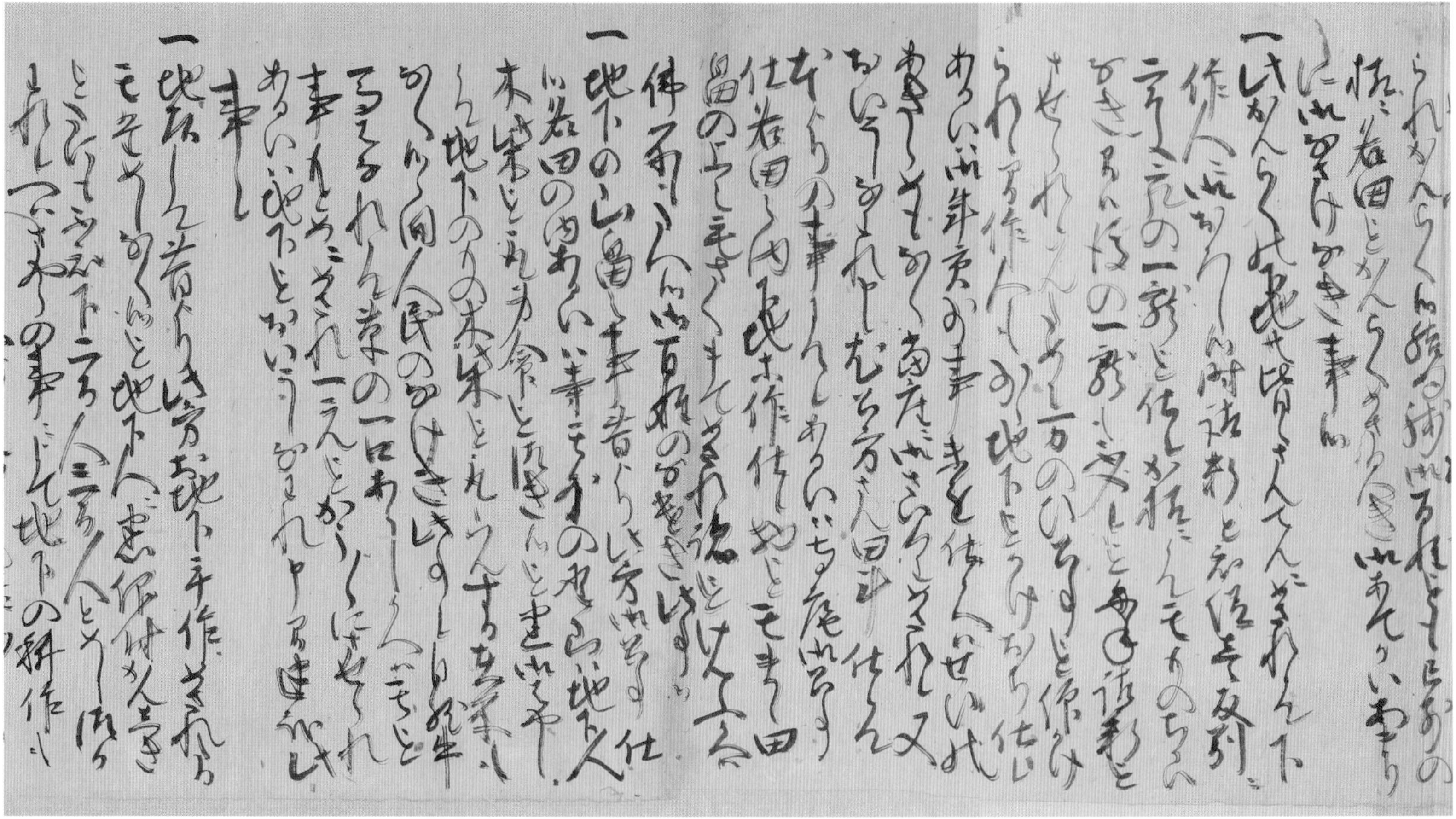
(2)

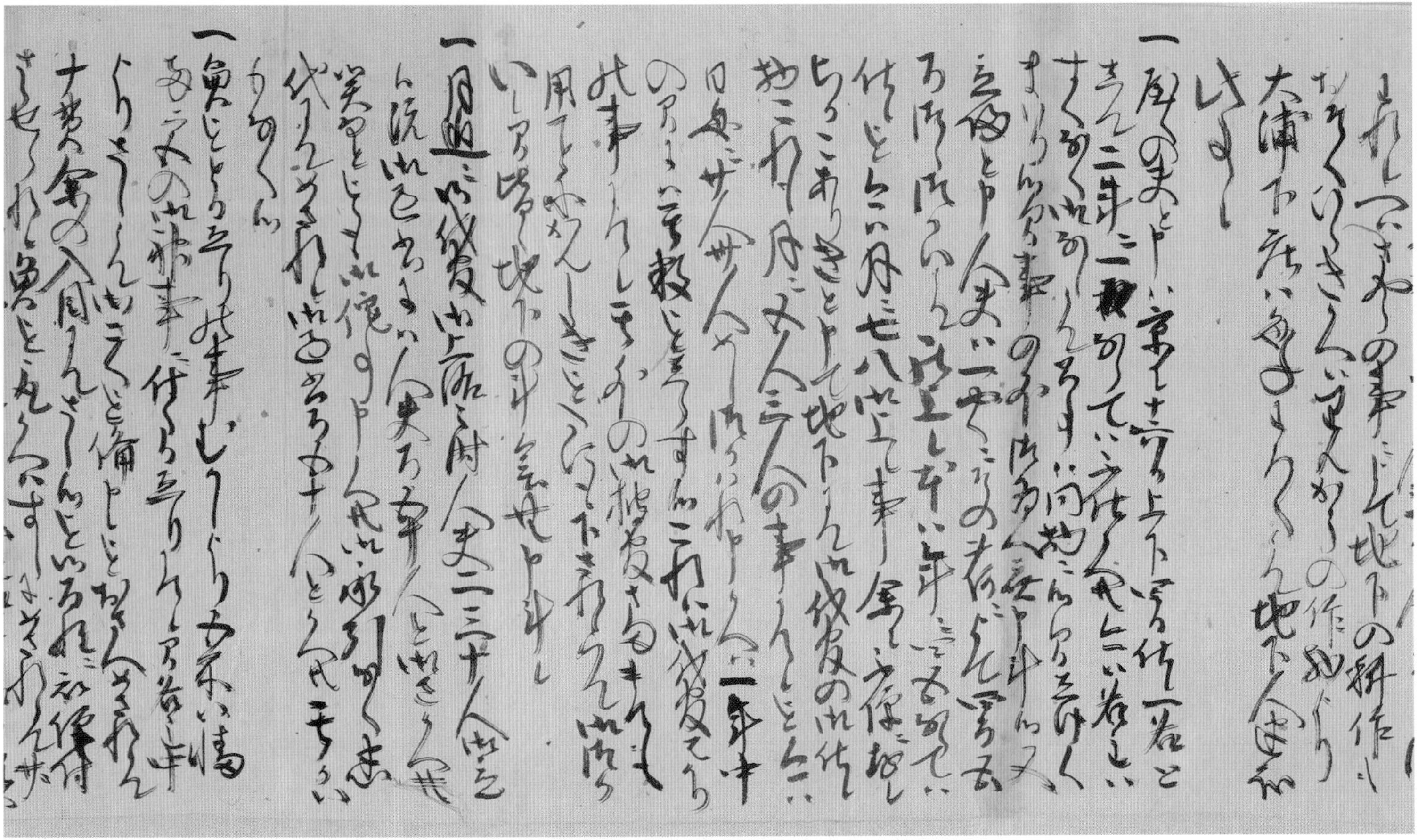

(3)

(4)

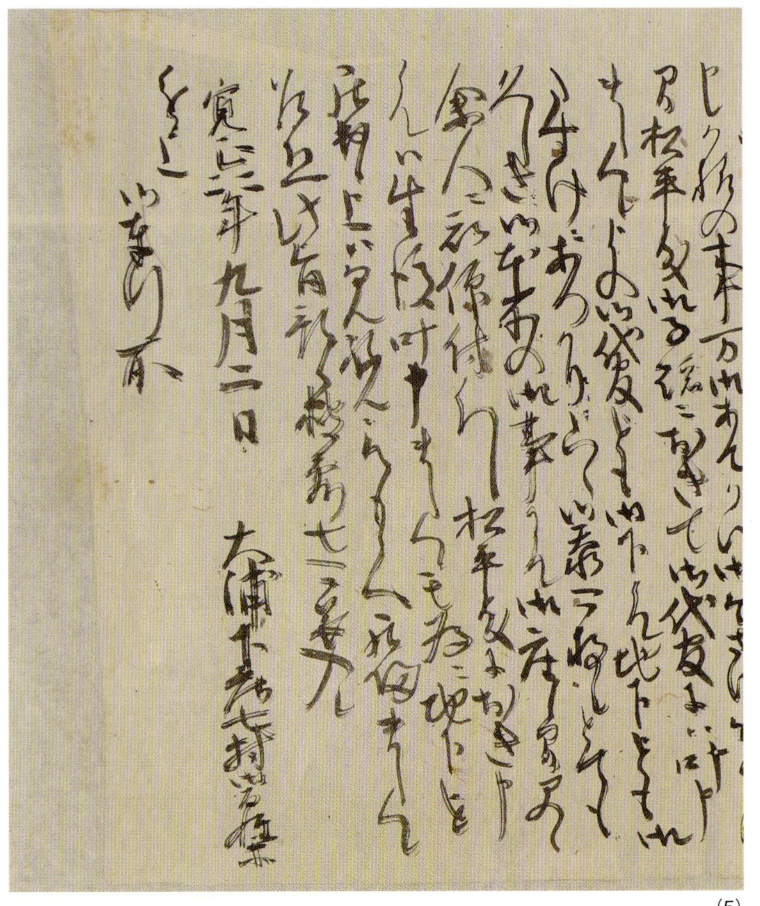

(5)

28◆松平益親陳状

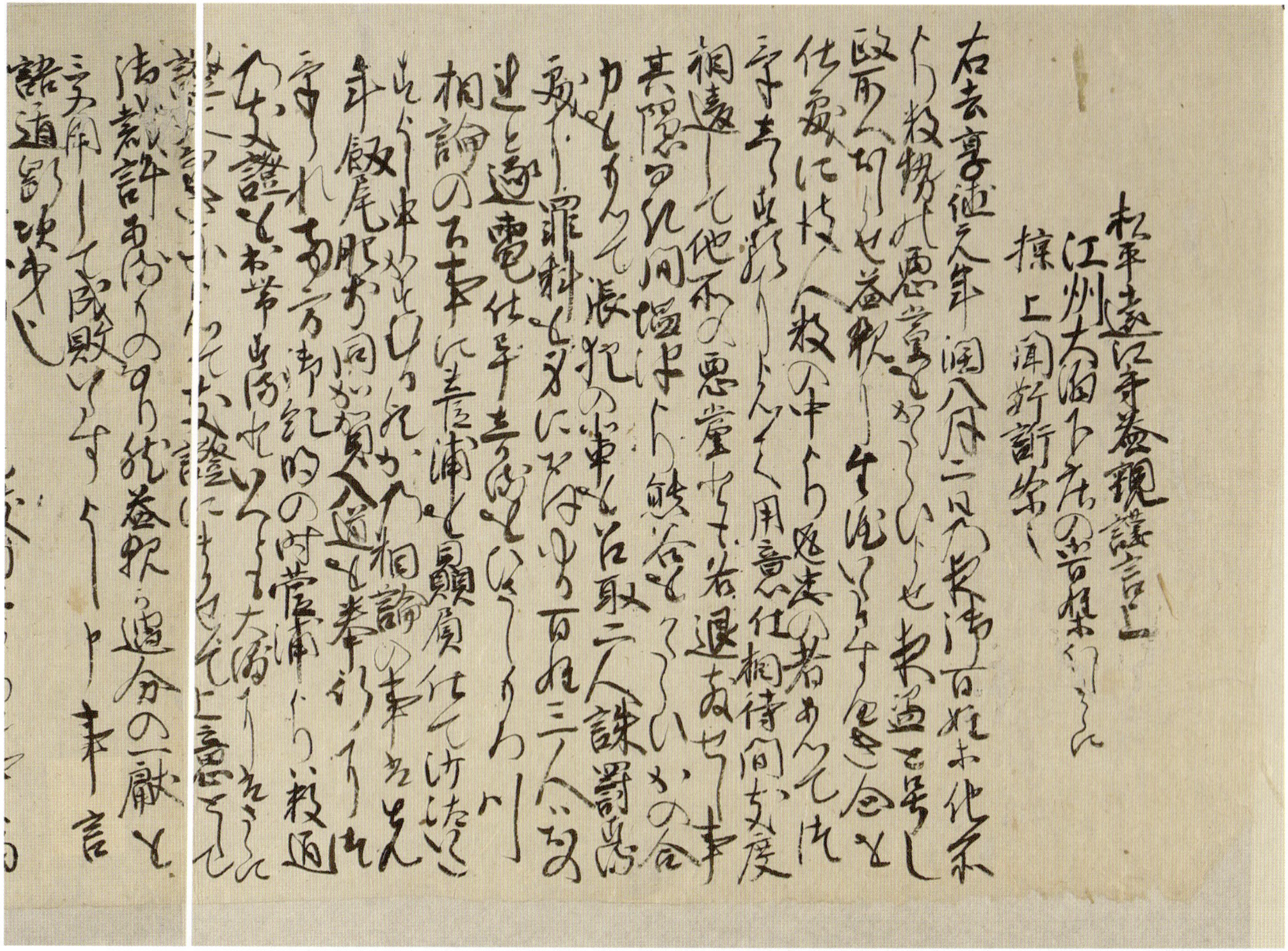

（1）

(2)

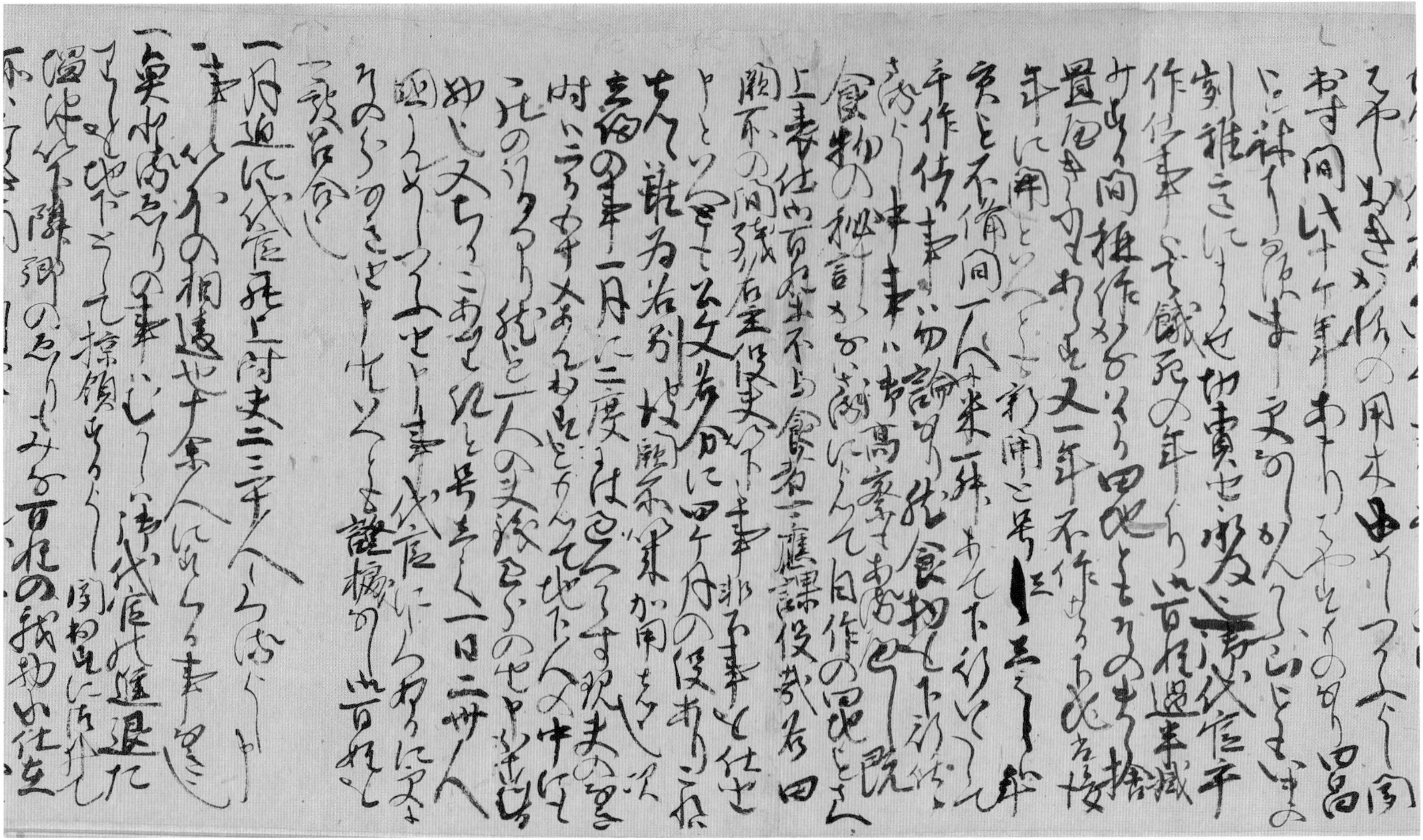

(3)

(4)

(5)

Ⅶ 戦国大名浅井氏と菅浦

菅浦の自治は、戦国大名浅井氏が台頭すると、大きな干渉を受けることになる。浅井氏初代の亮政は、菅浦に対して徳政条目や掟書を下すが、二代目久政の時代からは、浅井氏一族の浅井井伴が、代官として直接年貢を徴収するようになる。さらに、浅井氏は船の徴用命令を下す他、軍資金を徴発、それを支払えない菅浦は、浅井氏に借銭を負うようになる。浅井長政の時代、永禄十一年（一五六八）、村に背く行動を行なった村人を、菅浦の村掟に従い裁こうとしたが、浅井氏からの介入を受け、断念せざるを得ない状況に追い込まれた。

平安時代従来の庄園領主のような遠方の権力とは異なり、浅井氏は北近江に本拠を構える地域権力であった。浅井氏時代の菅浦の自治は、権力が近くに所在し、なおかつ強大となったことで、かつての自由がきかなくなったのである。同時に、菅浦は自らの判断で領主を選べなくなり、村が持つ警察権・裁判権などが制限されていった。

小谷城黒鉄門跡　撮影／太田

29 ◆ 浅井亮政掟書

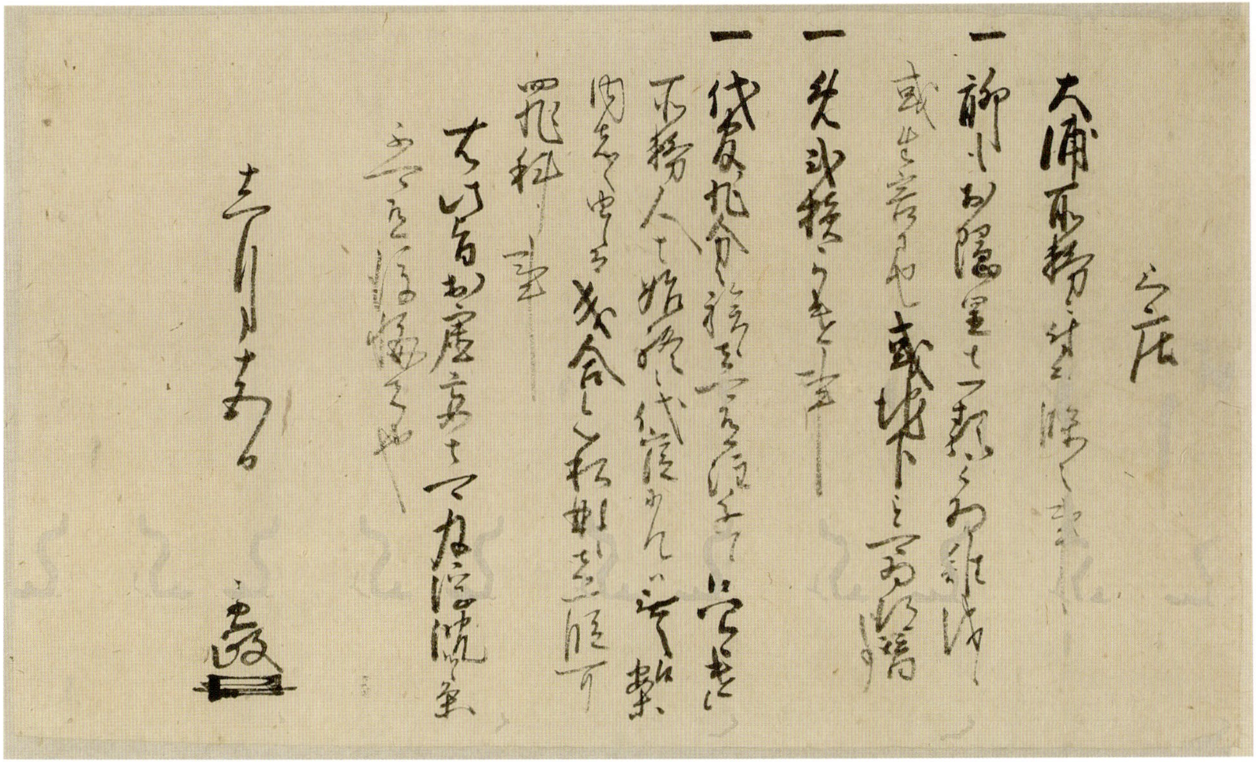

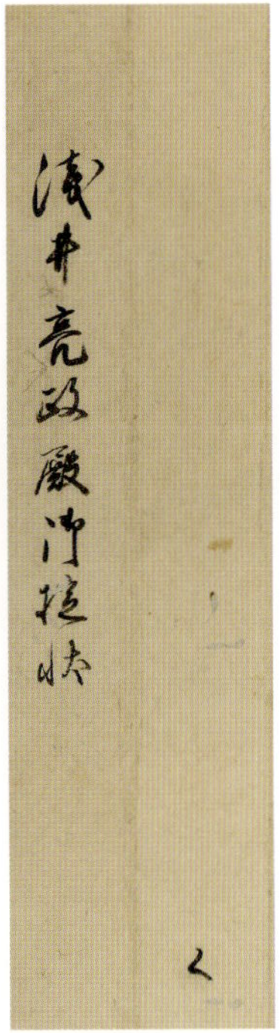

30◆菅浦惣村契約状

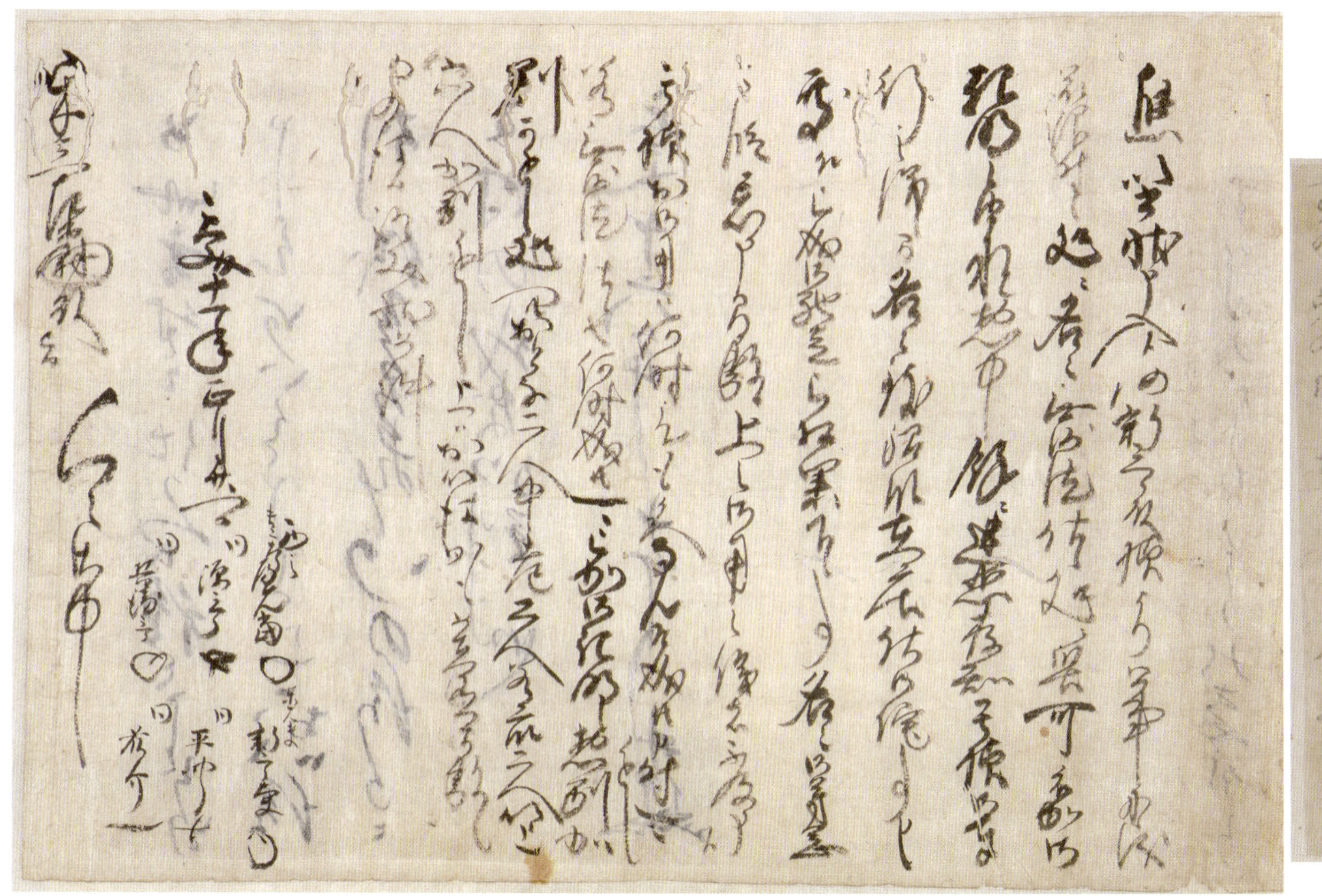

（30裏書）

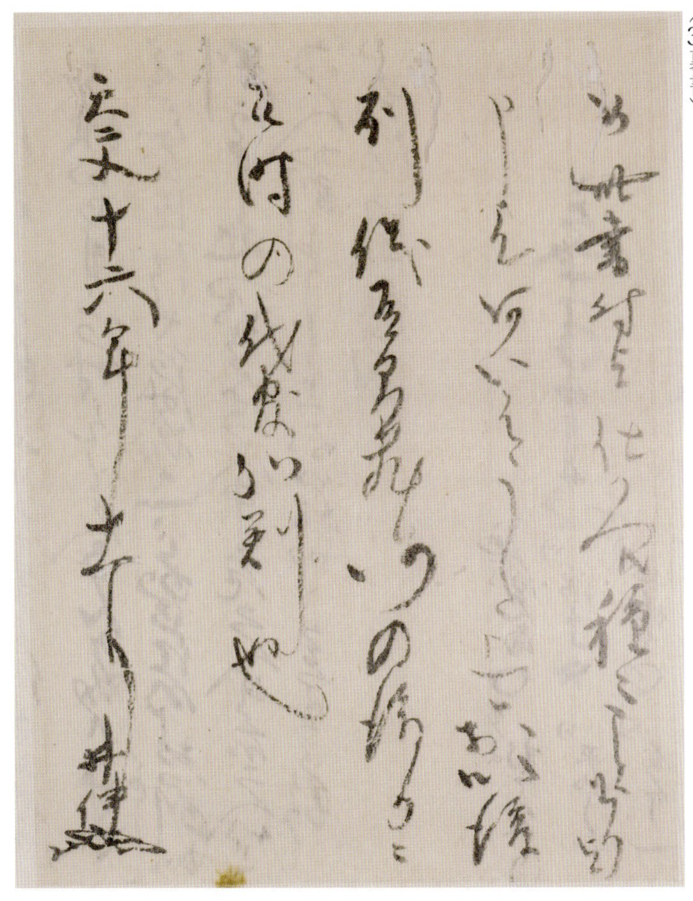

31 ◆ 浅井井伴山畠銭請取状

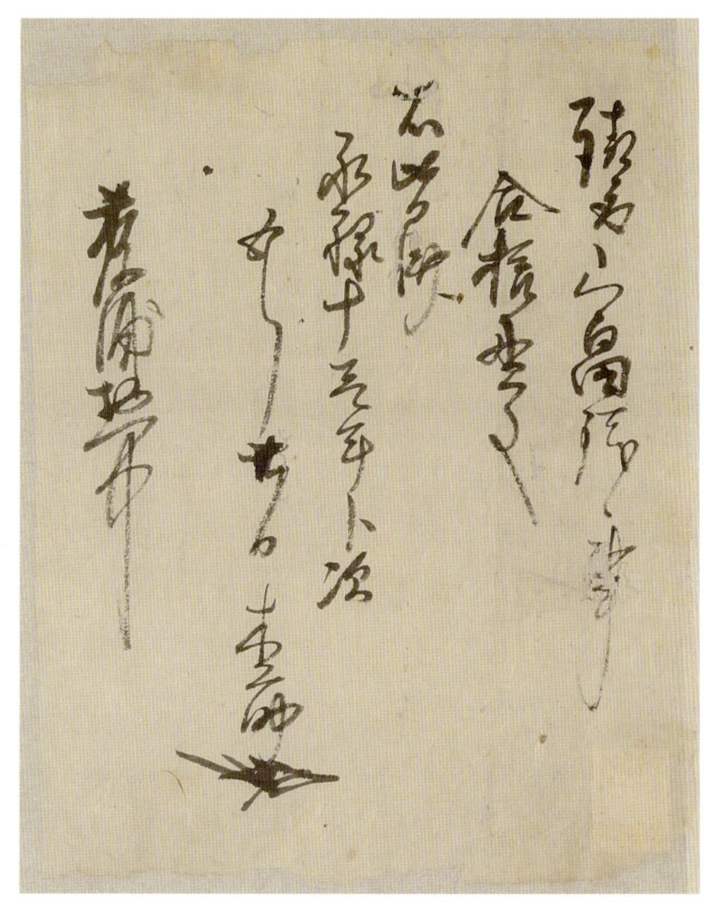

32◆浅井井伴書下

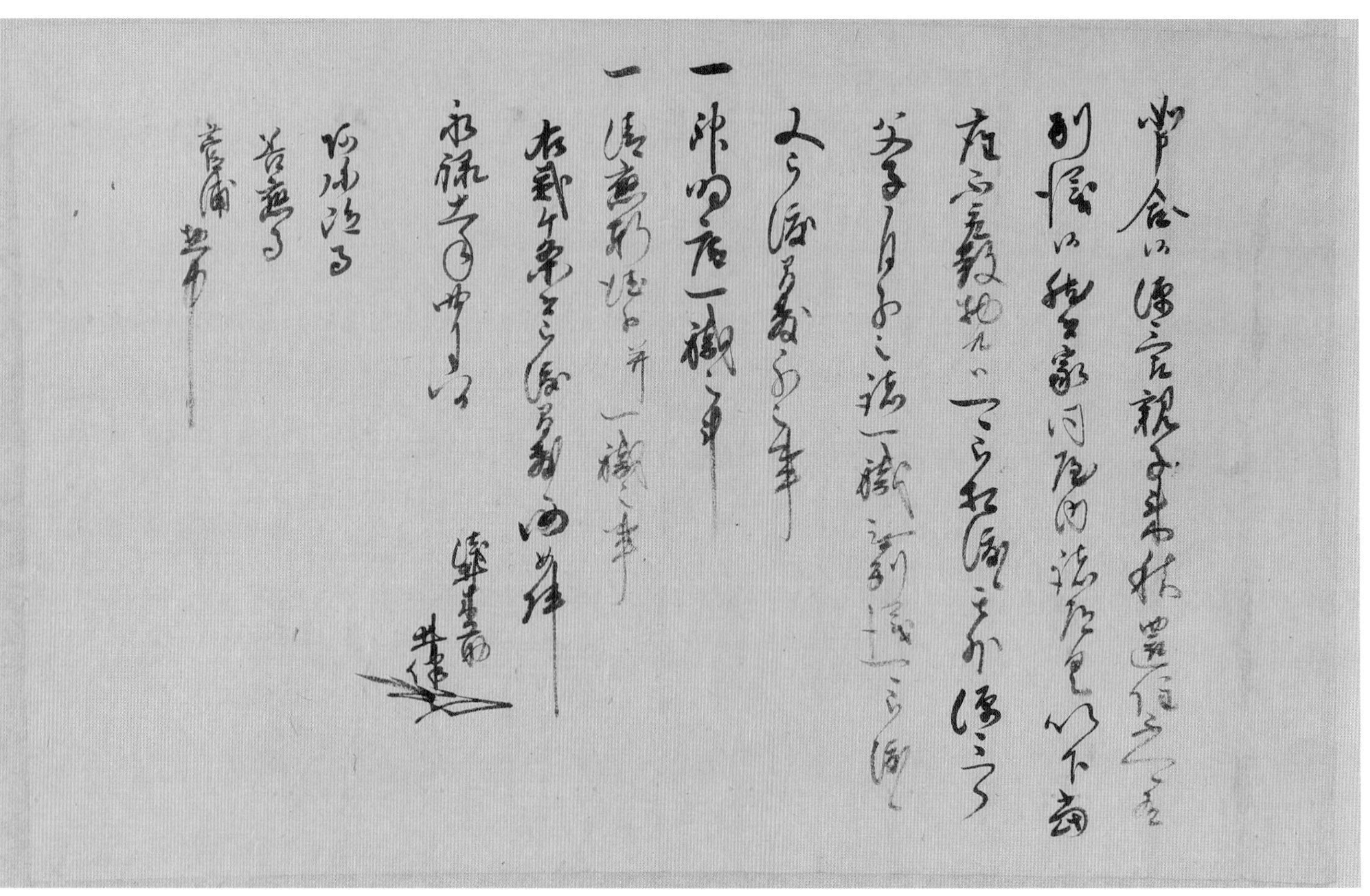

33 ◆ 菅浦惣中壁書案

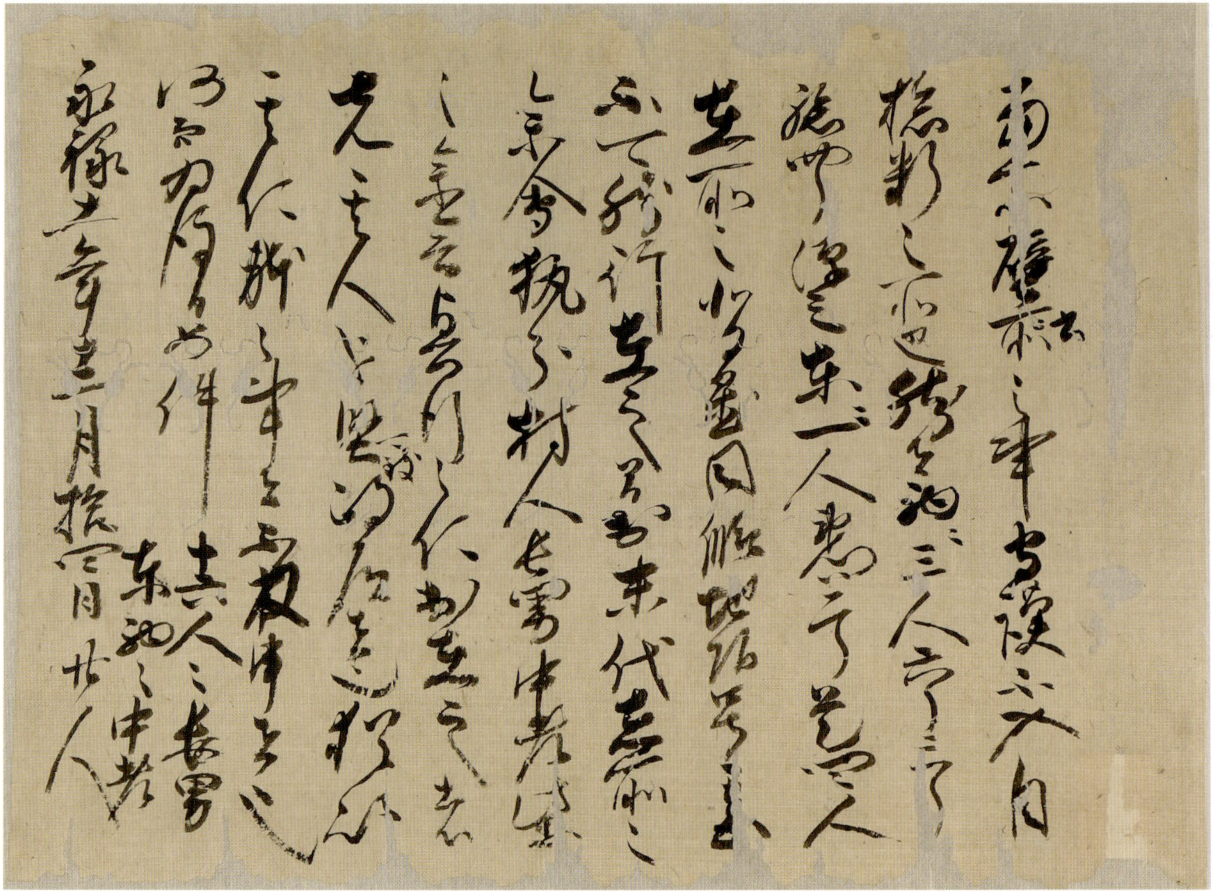

Ⅷ　織豊政権の支配と菅浦

織田信長や豊臣秀吉の時代（織豊時代）に至ると、菅浦には元亀争乱に際しての信長禁制が残る。さらに、浅井氏重臣から信長家臣となった樋口直房や、山本山城（長浜市湖北町山本所在）の城主阿閉貞大の支配を受けていたことが知られる。本能寺の変に際しては、長浜城代・羽柴秀勝（秀吉の養子）からの禁制を得、賤ヶ岳合戦前に半年ばかり長浜城主となった柴田勝豊の懲政条々写も伝来している。秀吉政権が安定してからは、佐和山城主となった石田三成の統治下に入ったことが、十三ヶ条掟書の残存から伺える。

このように、浅井氏の統治を経て織豊政権下に入って菅浦が残した文書からは、中世「惣村」時代の菅浦の特殊性は、微塵も感じられない。織豊政権・江戸幕府の村落支配体系の中に位置づけられた菅浦村は、中世に成立した自治制度の内、「地下請」や「乙名」など一部の制度を残しつつ、確実に膳所藩領である近世「菅浦村」に変貌していった。

佐和山城跡の石垣　撮影　太田

34◆織田信長禁制写

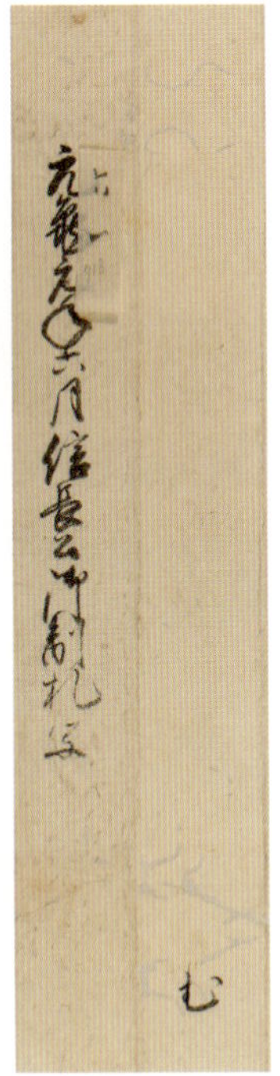

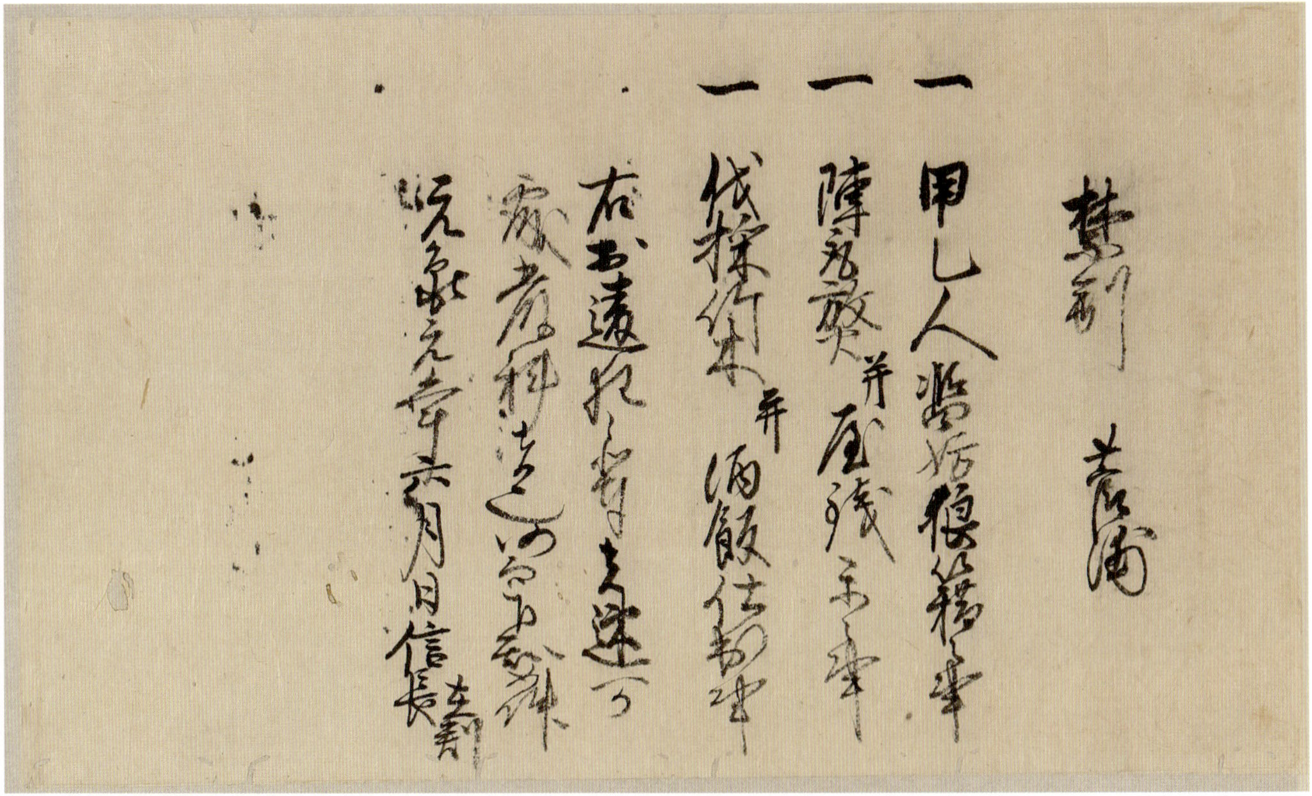

35 ◆ 樋口直房書状

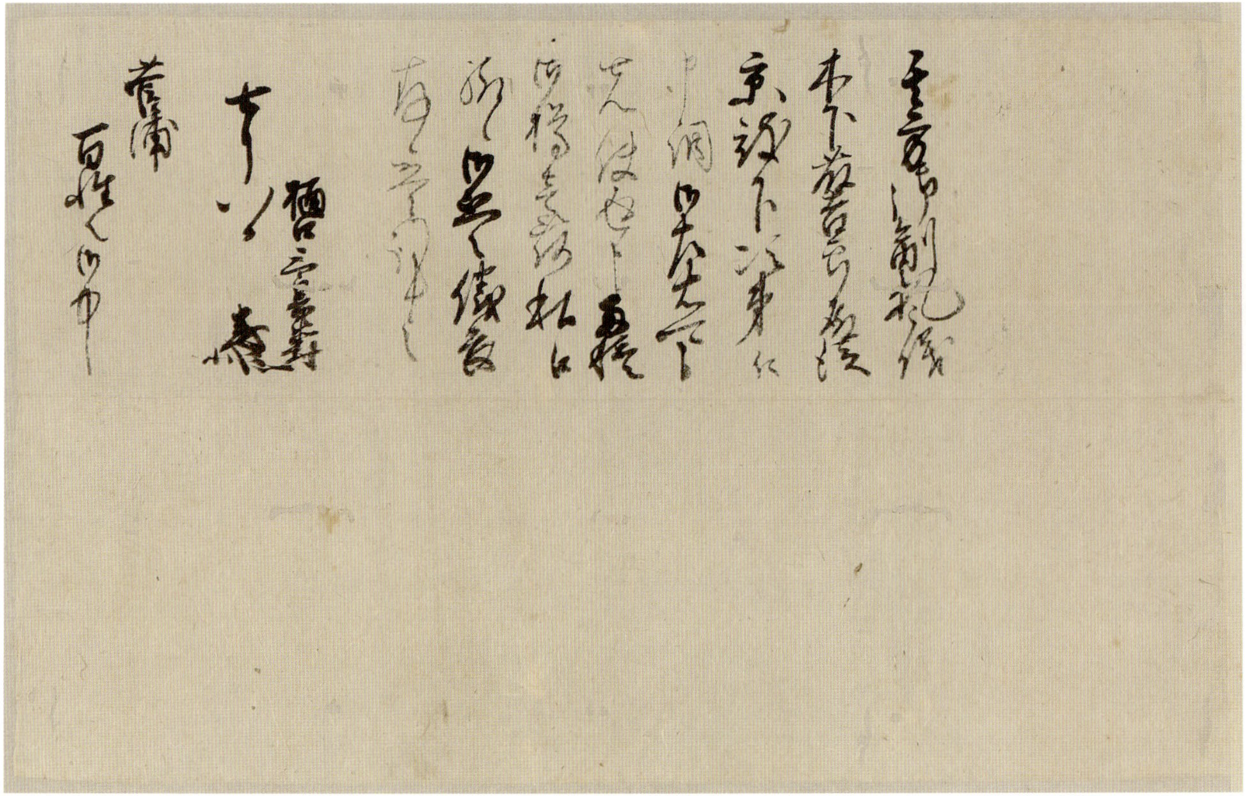

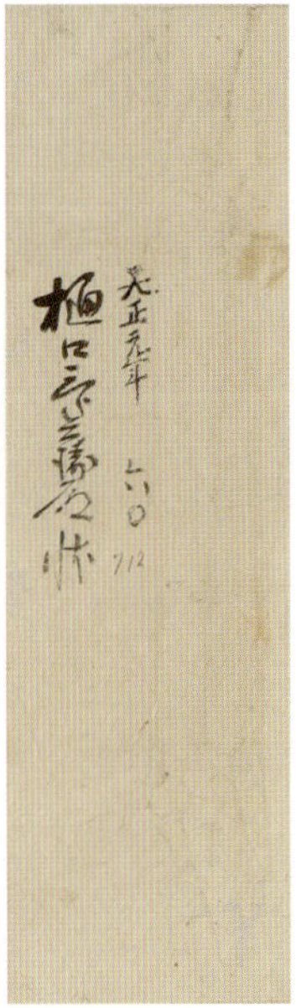

36◆羽柴秀勝制札

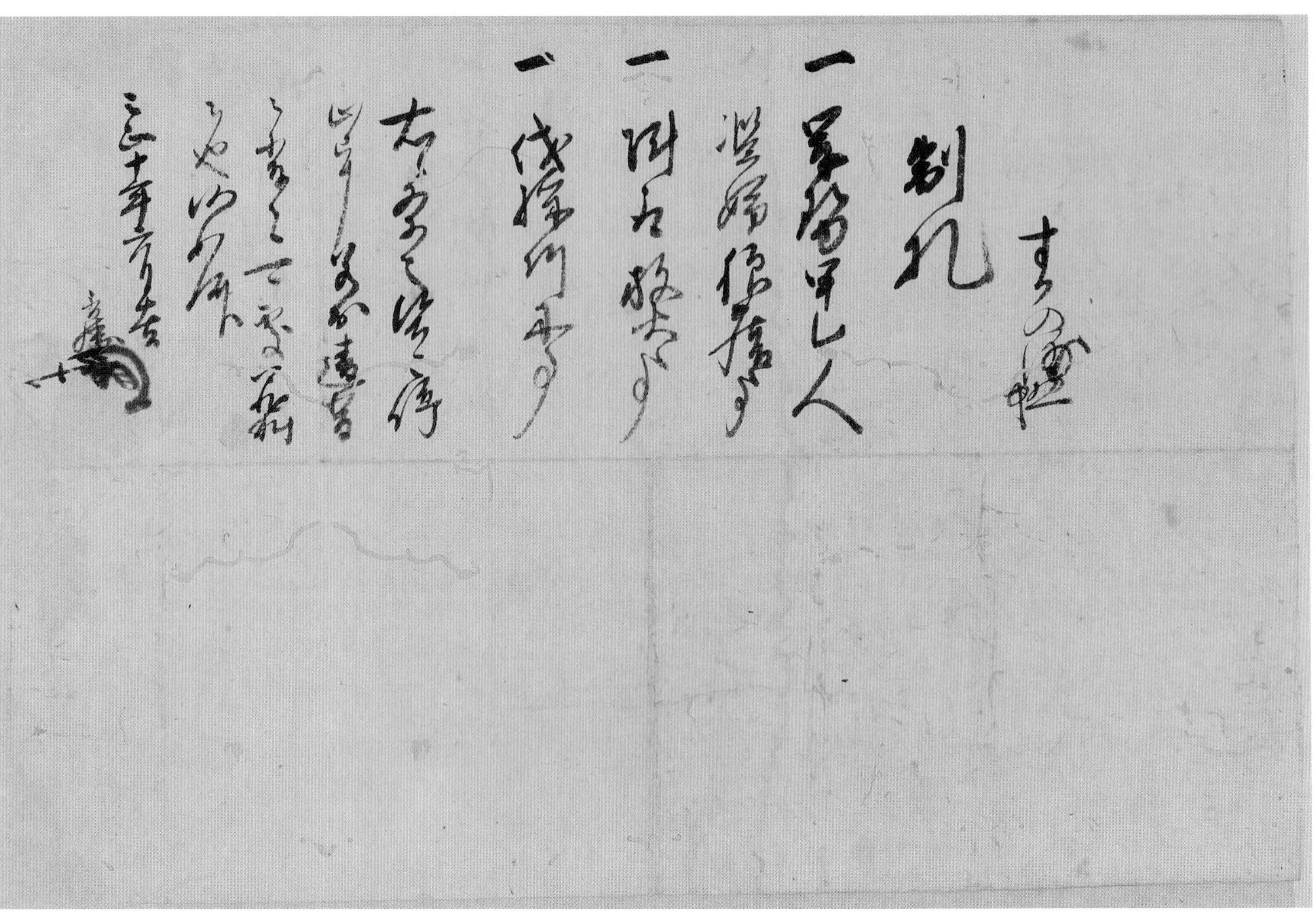

37◆石田三成十三ヶ条掟書

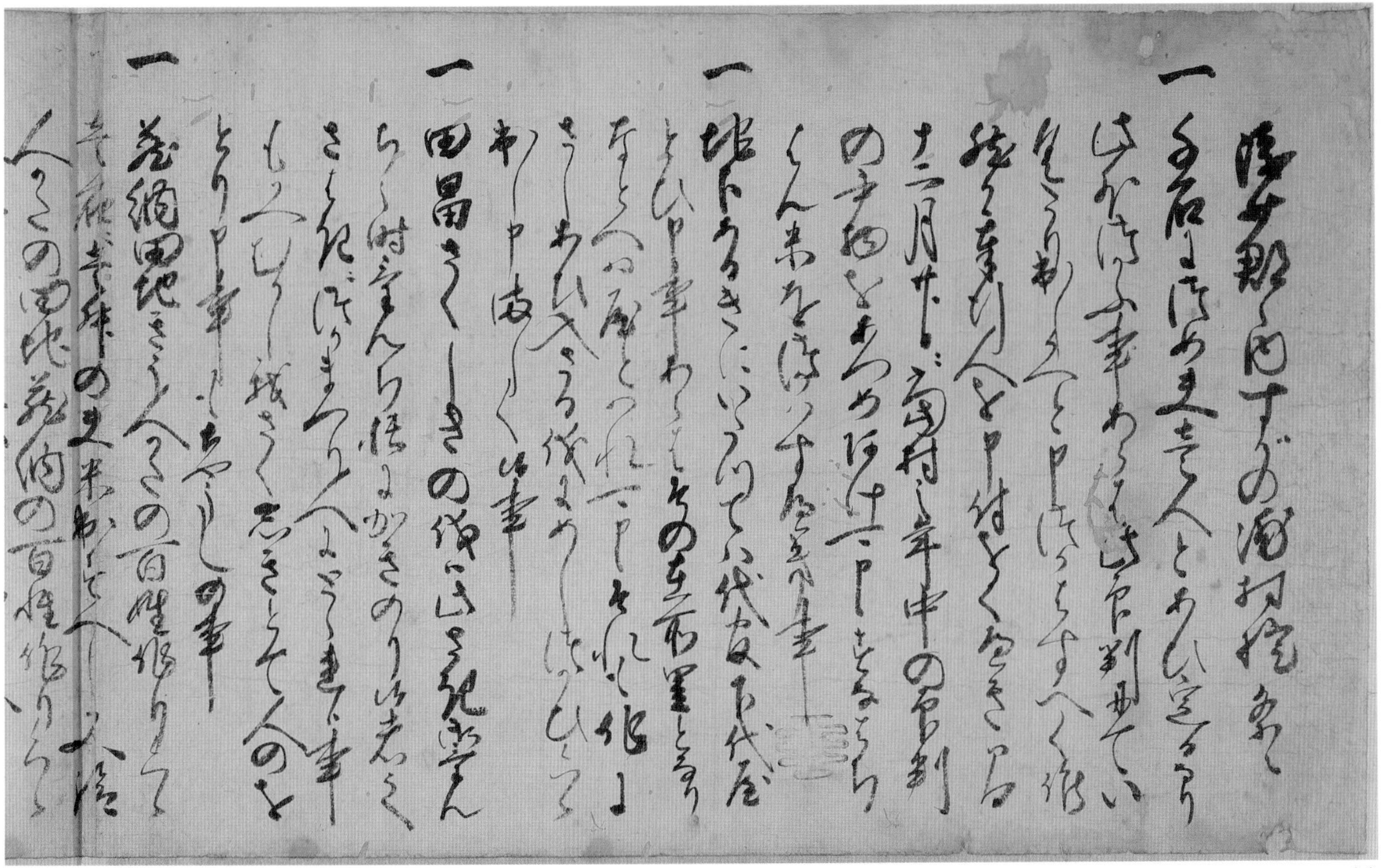

(1)

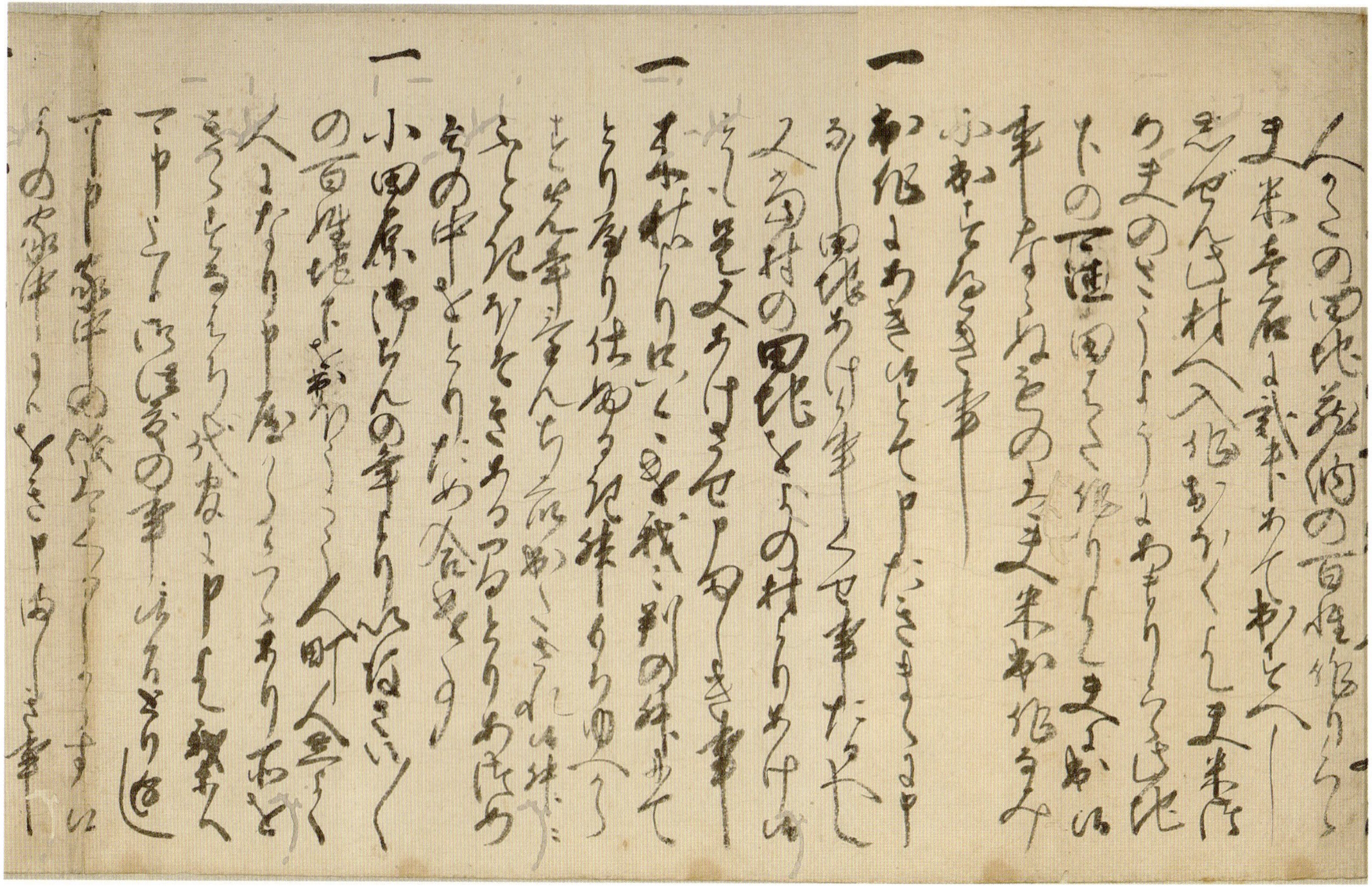

(2)

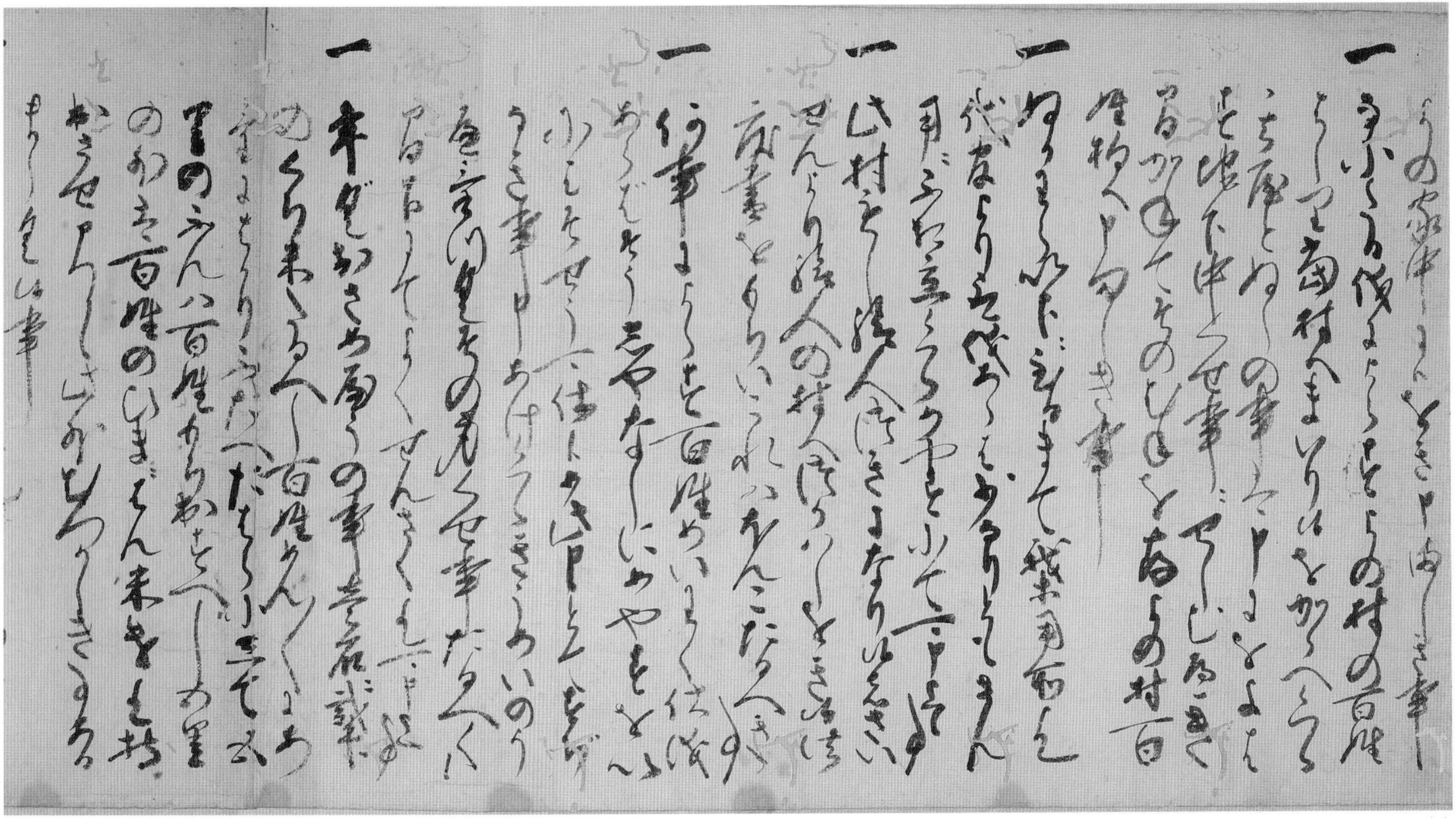

(3)

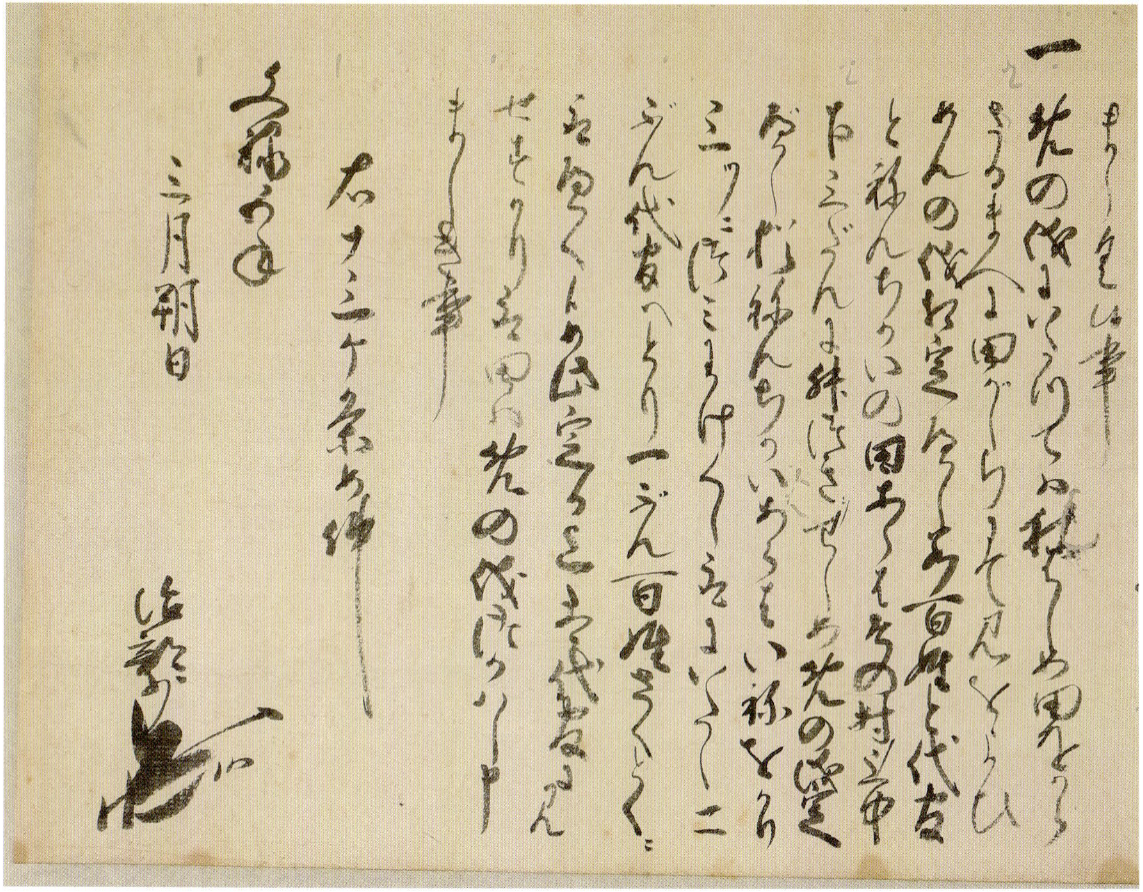

(4)

IX 湖北の中世

大浦十一面腹帯観音堂の五輪塔　撮影／辻村耕司

長浜市西浅井町大浦の大浦十一面腹帯観音堂に伝来する懸仏は、永享六年（一四三四）前後に源信永なる人物が自身の息災や長寿などを祈って、大浦八幡宮へ奉納したものである。菅浦と、激しい堺相論を展開していた当時の大浦での村人の信仰が知られる。

菅浦以外の湖北の集落についても、中世において自治組織としての「惣村」が存在したことは、文明二年（一四七〇）の「難波村牛頭天王寄進留書」などによって確認できる。湖北の「惣村」が、江戸時代まで制度として存続したことも、寛文四年（一六六四）の「（上丹生村）起請文相定ニ付取替一札」によって明かになる。

しかし、菅浦以外の文書からは、「惣村」の自治能力や活動の具体相について究明することはできない。湖北の多くの中世村落は、庄園体制下で「惣村」が形成されており、その自治の展開には、一定の限界が存在したと考えられる。

38◆銅造三尊像懸仏

39 ◆ 銅造阿弥陀三尊像懸仏

40◆銅造阿弥陀三尊像懸仏

41◆起請文相定ニ付取替一札

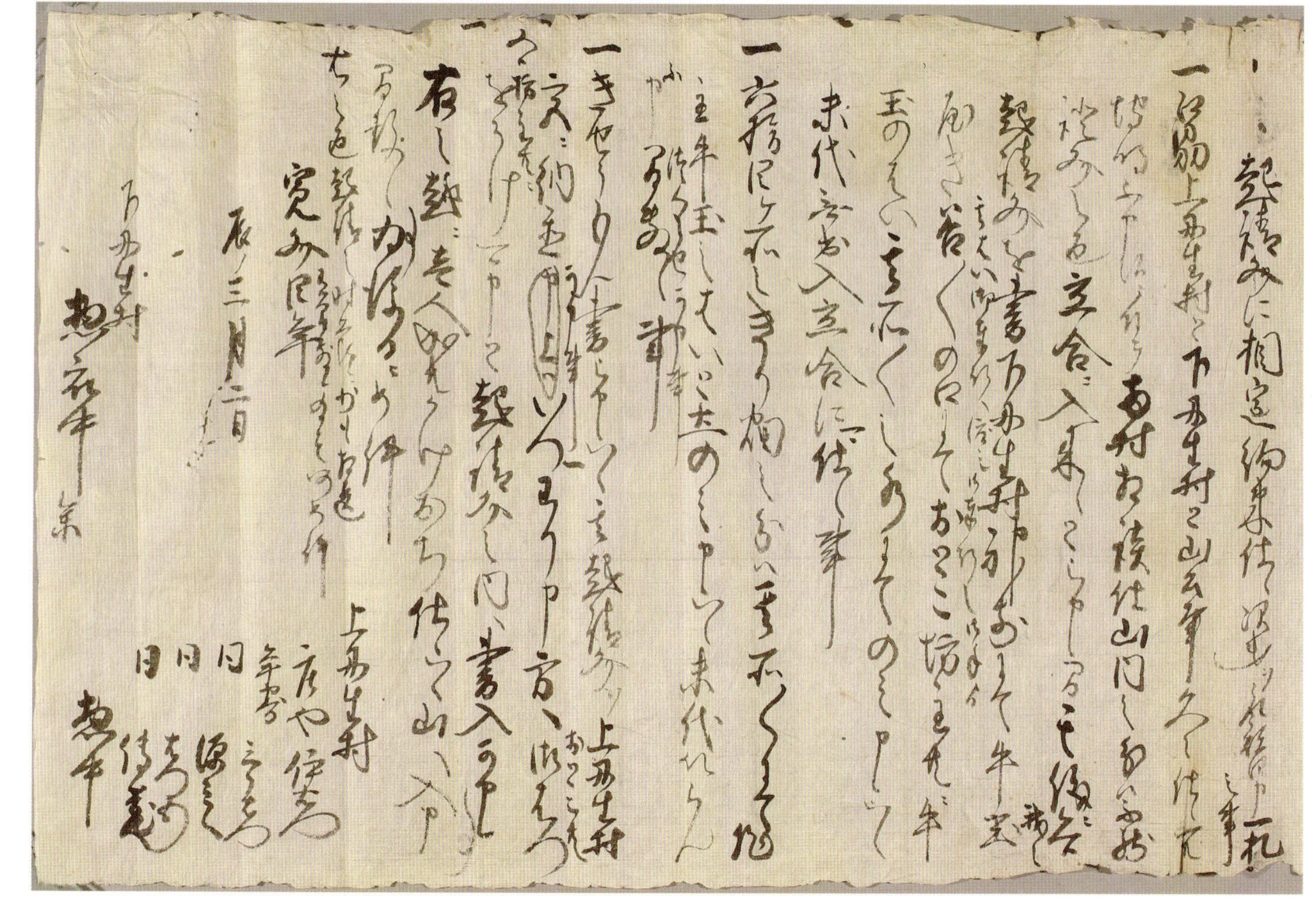

42 ◆ 難波村牛頭天王寄進留書

（前欠）

(1)

(2)

(3)

(4)

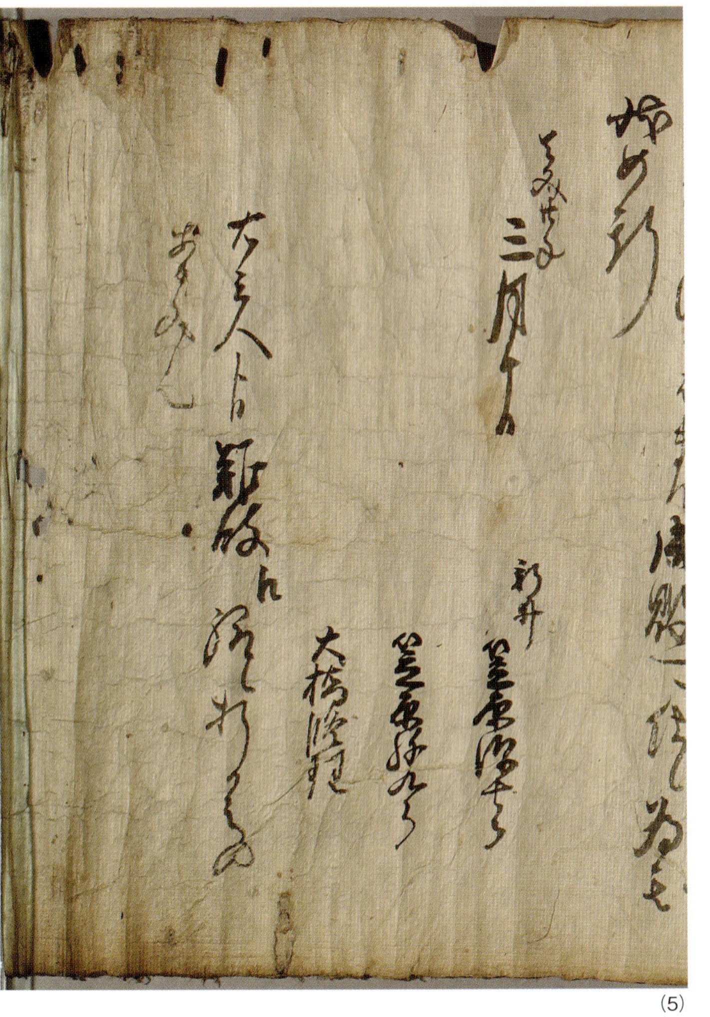

(5)

X　菅浦郷土史料館の新出資料

菅浦郷土史料館は、かつて菅浦で盛んであった竹製品の振興等保存伝承施設として、昭和五十九年（一九八四）に須賀神社の参道東に建設された。

展示資料としては、長浜市指定文化財の正応三年（一二九〇）・正応五年（一二九二）・応永十七年（一四一〇）銘を持つ「鰐口」、それに嘉禎三年（一二三七）銘の「銅鏡」が注目される。その他、「菅浦与大浦下庄堺絵図」の複製や、この絵図を立体化した地形模型、「菅浦文書」の写真や、中世の「能面」、「惣」の焼印の複製、須賀神社の建物に伝来した近世棟札・絵馬、竹生島蓮華会に関する近世文書、葛籠尾崎湖底遺跡出土の土器類など、菅浦や周辺の歴史を知り得る数々の資料・史料が展示される。

今回、本展に関連して史料館調査を行なった所、慶長七年（一六〇二）の「三十六歌仙板絵」三枚と、室町時代の作と推定できる「木造狛犬」二対が新たに発見されたので、ここで紹介する。

須賀神社前の広場　撮影／寿

43◆三十六歌仙板絵

①

（板裏墨書銘）

(1)

②

（板裏墨書銘）

(2)

③

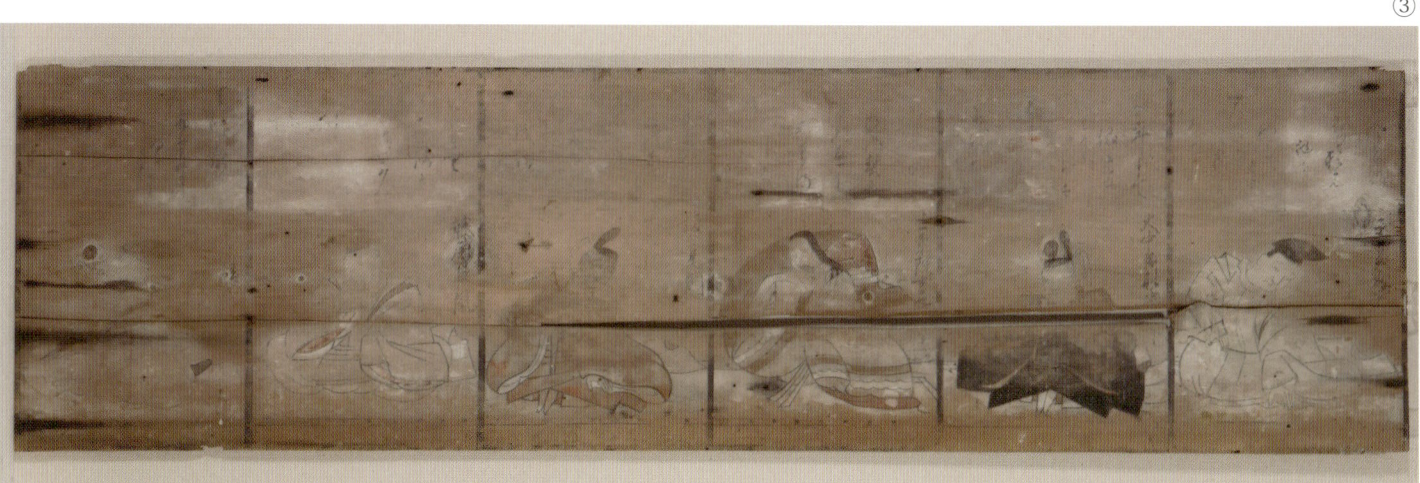

（板裏墨書銘）

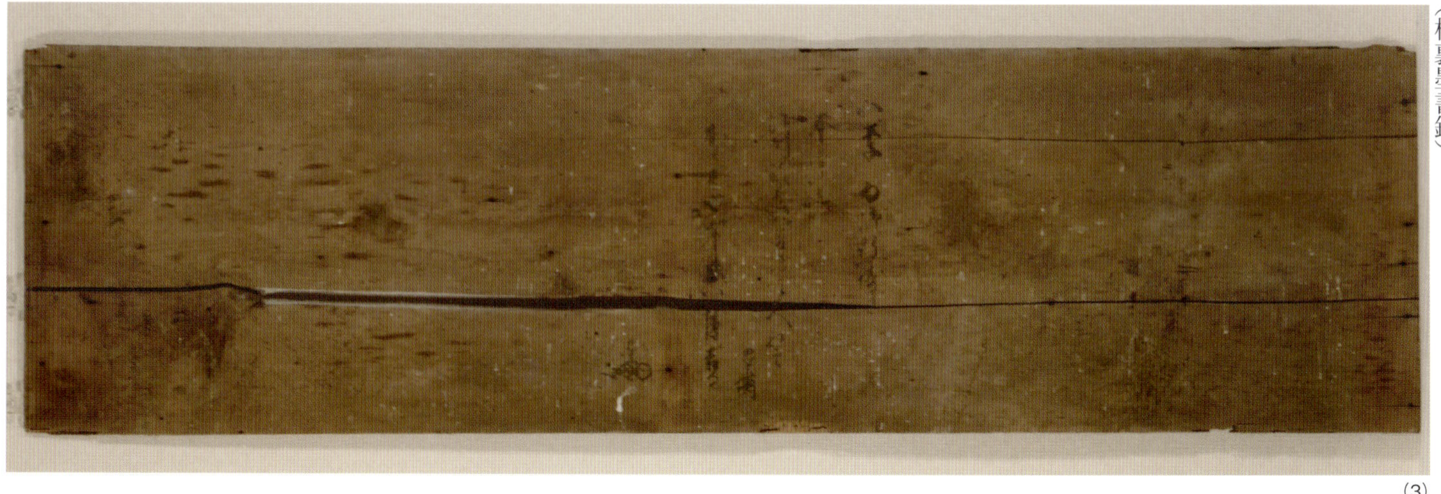

(3)

44◆木造狛犬

45 ◆ 木造狛犬

論考

中世菅浦「惣村」の変遷　―「菅浦文書」が語る村の歴史―

太田浩司

「菅浦文書」の伝来経緯

長浜市西浅井町菅浦は、日本史の中で「惣村」（中世の村）を語る際に、必ず登場する村として著名である。また、国の重要文化財である「菅浦文書」一二六一点を所有する村落として、全国にその名が知られている（正式な所蔵者は、菅浦の氏神・須賀神社の名義となっている）。中世の村の状況を伝える「菅浦文書」は、大正五年（一九一六）・六年（一九一七）に、同村に伝来した「開けずの箱」から発見されたと言われる。発見者の名前としては、京都帝国大学の中村直勝氏や、滋賀県内の郡志編纂者として知られる中川泉三氏が上げられる。

それ以降、現在に至るまで、多くの日本史研究者によって菅浦の著作や論文が発表され、一集落の研究としては、日本でもずば抜けて多い業績が蓄積されている。昭和二十九年（一九五四）からは、彦根市にある滋賀大学経済学部附属史料館へ寄託され、昭和五十一年（一九七六）には国指定重要文化財となった。

菅浦の阿弥陀寺住職で、当地の歴史に詳しい秋山富男氏によれば、「開けずの箱」は「開けない箱」ではなく「他郷の者には見せない箱」と言う意味であったとする。また、現在重要文化財となっている「菅浦文書」が、すべて「開けずの箱」に収納されていた訳ではなく、他の別の箱に収納されていたり、菅浦家の文書が混入している事実も指摘されている。少なくとも、明治十六年（一八八三）一月三十一日の段階で、菅浦村戸長菅浦新四郎の名前で三十六点の文書名を書き上げた目録が作成されており、本文書群が「開けない箱」ではなかったことは、秋山氏の言われるとおりであろう。

須賀神社　撮影／寿福滋

「菅浦文書」の特徴

この「菅浦文書」は、中世（鎌倉・南北朝・室町時代）の村人が、中世村落＝「惣村」の歩みを自らが記録し、保管して来た文書群である。日本全国において、江戸時代の村が残した「地方（じかた）文書」と呼ばれる文書群は、数多く現存する。長浜市の場合も、水利や山の権利を争った文書を中心に、江戸時代の村の生活を記録した文書は比較的多い。しかし、中世村落＝「惣村」の文書となると、全国的に見ても近江国（滋賀県）と紀伊国（和歌山県）に、数ヶ村の文書群が残るのみなのである。

近江では「菅浦文書」の他に、東近江市今堀町の「今堀日吉神社文書」九四七点、近江八幡市北津田町の「大島奥津島神社文書」二二二点が、比較的まとまった中世村落文書として知られており、いずれも重要文化財に指定されている。

本書で紹介する「菅浦文書」は、当時の民衆がどのような問題に突き当たり、それをいかに克服していったか。また、村の自治が、「惣村」という組織によって、どのように保たれていたかを雄弁に物語ってくれる。つまり、菅浦は中世村落の様相が、日本中のどの村よりも、具体的にかつ詳細に知られる、稀有な集落なのである。

「供御人」と菅浦の領主

菅浦の住人は、鎌倉時代以来、天皇家へ供御（食料）を納める「供御人」として登場する。その成立は、「菅浦文書」では天智天皇の時代とか、高倉天皇の時代とするが（列品番号7・8）、源流を延久二年（一〇七〇）に廃絶した筑摩御厨の住民に求める網野善彦氏の説もある。献上する供御の内容は、鯉三十匹、麦一石四斗余、大豆一石三斗余、枇杷二駄であったことが知られ、全住民（七十二戸）が「供御人」であった（列品番号10）。「供御人」は朝廷の御厨子所・内蔵寮に所属したが、菅浦はこの「供御人」であることを理由に、諸国の湊・関を自由通行できる特権があると主張する一方、この立場を利用し、後述する大浦との訴訟を有利に展開しようとしている。また、永仁五年（一二九七）に起こった惣追捕使熊谷直村兄弟の乱入を（列品番号5）、この「供御人」の名を武器に排除しようとしている。

本来菅浦は、長久二年（一〇四一）に立券された大浦庄の一部であった（列品番号3）。大浦庄は園城寺円満院領であったが、鎌倉時代となるまでに大浦庄雑掌が竹生島に菅浦を寄進したことで、菅浦の独立がなったとされる。竹生島は延暦寺檀那院末寺であったので、本家を檀那院、領家を竹生島とする体制が出来上がった。また比叡山との結びつきから、日吉大社の「神人」となる村人も出た。南北朝時代には梶井宮領、室町時代には大浦下庄は日野家領になったので、菅浦も同家の支配を受ける。このように、菅浦の住民は、朝廷の「供御人」、日吉神社の「神人」としての立場や、竹生島や山門、それに室町時代の守護（六角氏）・守護代（馬淵氏）も含めて、自らの権利を守ってくれる領主を、時代によって変えながら選択、最も村の権利を保証してくれる者を領主としたのである。つまり、「惣村」が領主を選んだ所に、菅浦の最大の特徴がある。

庄園に含まれない集落

菅浦研究の歴史は長いが、強固な村落自治を示す菅浦を、全国の中世村落の中で、いかに位置づけるかについては、現在明確な結論は出ていないと言える。すなわち、関口恒雄氏が疑問を呈された、菅浦型の村落＝「惣村」が中世村落の典型か、あるいは特殊な例外で、他の村落では、これほど村落の自立性が確保されていなかったのではないかという問題である。他の村落に「惣村」文書が多く残らない中で、近畿地方の村落一般に、菅浦のような強固な村落組織があったと考えるか否かが問われているのである。

結論から言えば、「菅浦文書」に見えるこの「惣村」の自由な動きは、中世村落一般の中では、かなり特殊と考えるべきだろう。菅浦の集落（屋敷地部分）は、田畑が少なく漁業や舟運に携わる人々が住する集落として、当初は大浦庄の中に含まれず、庄園制度の枠組に包摂されていなかった。この点は、長久二年（一〇四一）の太政官符案（列品番号3）についての菅浦住民の主張にも表われている。［ただし、寛正四年（一四六三）の「大浦下庄訴状案」（列品番号27）に見えるように、後述する日指・諸河の耕地部分については、「大浦庄二十五名の内の一名半」という、大浦側の主張は正しいだろう。］

こういった環境は、庄園領主に統治される他の中世村落にない、領主選択の自由を生んだのである。これにより、「惣村」としての自立性は大いに高まった。菅浦と他村落を比較した場合、領主からの自立性の面で完成度に違いがあるのは、「量的」なものではなく、菅浦の政治環境がもたらした「質的」な相違と考えるべきだろう。

ときおり、研究者によって「菅浦庄」という表現を使っている例があるが、「菅浦文書」中には「菅浦惣庄」の使用例はあるが、「菅浦庄」なる表現はない。このように、当初は庄園に含まれない地であったからこそ、菅浦は「惣村」として自由な領主選択ができたのである。この点、下坂守氏は菅浦が「浦」や「所」と呼ばれ、庄園に属さない地域であったと述べていることにも注目したい。

日指・諸河をめぐる争い

菅浦の集落自体は、葛籠尾崎と呼ばれる半島の西にあり、周囲は山が迫り耕地はほとんど存在しない。菅浦最大の田地は、集落から二・三キロ北、大浦（長浜市西浅井町大浦）の集落に近い日指・諸河と呼ばれる二つの谷に、集中的に存在する。その面積は十六町七段と言われるが、中世の「菅浦文書」には四町半余しか登録されていない。この菅浦唯一の田地をめぐって、菅浦は隣村の大浦と、永仁三年（一二九五）を初見として、鎌倉時代・南北朝時代から室町時代、約二世紀間に及ぶ法廷闘争や武力衝突を繰り返したのである。中世・近世の村が隣村と田地・水利等をめぐって争うことは、日本中どこでも存在したことだが、菅浦と大浦の場合は、その経過が特に古くから、詳細に知られる点に特徴がある。

両村の武力衝突は、「菅浦文書」に村人自身が記した合戦記が残る、文安二年（一四四五）と寛正二年（一四六一）の争いが有名である（列品番号25・26）。文安の相論では、山争いから端を発し、大浦が菅浦集落を攻撃、それに対し菅浦も大浦集落を攻撃、さらに日指・諸河の田地での二度の合戦が繰り返された。寛正の相論では、京都における湯起請という神裁の結果、菅浦敗訴が決定的となり、領主日野家の代官・松平益親に率られた、大浦の村人らの軍勢によって、菅浦は集落を包囲され、全村滅亡の危機に瀕するのである。

この争いの中で、大浦は日指・諸河を大浦庄二十五名の内、一名半の地と主張して、その領有権を主張していたのに対し（列品番号27）、菅浦は最初から大浦との境界をめぐる堺相論と主張（日指・諸河は菅浦領内となる）、両村の正当性の論理は、根本的に相違していた。つまり、大浦はこの問題を庄園という行政区域の大小の問題と理解し、他方菅浦は境界線の位置の問題と理解していた訳で、両者の主張は相容れることはなかった。

この対立する論理をもって、両村は京都で訴訟を展開する。菅浦は、朝廷や幕府の要人、比叡山などの領主の力をかり、有利にこの法廷闘争を運んでいく。そして、日指・諸河の田地の実行支配を実現することに成功した。文安の相論に見える、京都での法廷闘争の中心となった道清（清九郎）など、「惣村」の乙名たちの指導力も見逃せない。こういった合戦・訴訟を通じて、菅浦の村人の結びつきはより強固になり、「惣村」と呼ばれる村落共同体の機能が、ますます整備されていくのだ。

中世菅浦の自治

中世の菅浦では、村人が二十名の乙名（責任者）を中心に、高度な自治を保っていたことが知られる。それは、数十通現存する「村内の法律」とも言える「村掟」に象徴的に表れる。たとえば、貞和二年（一三四六）九月の村掟では、日指・諸河の田地を菅浦以外の者に売却することを禁じている（列品番号12）。寛正二年（一四六一）七月十三日の村掟では、盗人が出た場合、私的な思いで犯人を断定するのではなく、証拠に基づいた裁判を行うことが定められた（列品番号20）。文明四年（一四七二）八月二十四日の定めでは、領主が菅浦のために尽くさないのであれば、年貢を支払う必要がないとまで記している（列品番号2）。つまり、中世の菅浦は村が領主を決め、その利益にならない領主は切り捨てられていったのである。村主導の政治運営、これが「惣村」の最大の特徴である。

さらに、文明十五年（一四八三）八月十日の村掟では、父親が犯罪者であっても、その罪を子まで及ぼしてはならないこと（縁座の否定）が規定されている（列品番号21）。延徳三年（一四九一）九月八日の法度では、財産譲渡にあたっては親から子への譲り状を最優先にすべきことを規定している（列品番号22）。このように、菅浦は自検断（警察権や裁判権を所持すること）を持ち、私的な所有権をも保証する公的な存在であったのだ。これらの掟書は、菅浦の住民の団結力を、象徴的に示す文書と言えよう。

四足門と境界

菅浦には、現在も東西二棟の四足門が残っている。西門は大浦から葛籠尾崎に向かって伸びる「奥琵琶湖パークウェイ」から、菅浦集落に入った須賀神社前の広場にある。菅浦に入って、一番に目に入るので印象的である。一方、東門は入口から集落を抜けた、村の一番奥に建つので、訪ねる人も少なく目立たない。いずれもヨシ葺の薬医門で、門柱が四本あるので四足門と呼ぶとも、かつては村落内に四棟あったので、この名があるとも言われている。かつてあった二つの門は、集落から須賀神社に向かう二本の道に、一棟ずつ建立されていた。

菅浦の集落は、これまで縷々述べてきたように、琵琶湖に面しており、背後には山が迫った、わずかな平地に所在する。約百戸という戸数は、中世から近代に至るまで大きな異動はない。昭和四十六年（一九七一）に「奥琵琶湖パークウェイ」ができるまで、北隣の大浦から菅浦に至るには、船で来ることが一般的であった。まさに、陸の孤島と言えよう。したがって、耕地も集落内には、前田と呼ばれる狭小な田地の他、宅地周辺の畠しかなかった（列品番号15）。

四足門が建つ四ヶ所は、湖岸や山を通って来た道が、集落外から集落内へ入る入口に当たる所に建つ。このように集落の入口に、門があったことは「菅浦文書」によっても確かめられ（当時は「大門」と呼ばれた、列品番号16）、中世まで遡るものである。強固な団結を保った菅浦の「惣村」は、村落景観の面でも村人の強い結びつきを示すため、村の内外を明確に分ける標識を作った。それが、この四足門であったと理解できよう。現在、菅浦には四ヶ寺（西から祇樹院・阿弥陀寺・安相寺・真蔵院）が存在するが、中世の菅浦には少なくとも十二ヶ寺があり、集落から一段高い山際に並んでいたと推定される（列品番号17・18・一四二頁参照）。この寺庵も、村の内外を画する標識として重要な役割を担っていたと推定する。

したがって、中世の「惣村」＝村落共同体というきわめて抽象的な概念を、具体的に目で確認できる事例として、現存する二棟の四足門や、今も山際に建つ寺庵の存在は、非常に貴重な文化財と言えるのである。

菅浦の氏寺・長福寺跡　撮影／寿福滋

中世「惣村」の戦国時代

菅浦は、室町中期、年貢額を二十石二十貫文と定め、村の責任者が年貢をまとめて領主に上納する「地下請」という制度を確立していた。これは、江戸時代の年貢「村請制」の前身として、菅浦の自治能力の高さを物語るものと評価されている。また、中世の菅浦には多くの領主が関係したが、引き起こされる相論・訴訟ごとに、自分の味方となる領主を味方に付けてきた一面があった。すなわち、村が領主を決めた所に、菅浦の歴史の特徴があることは先述した。

しかし、戦国大名浅井氏が台頭すると、菅浦もその統治を受けるようになる。浅井氏初代の亮政は、菅浦に対して徳政条目（債権・債務の破棄令）や隠しごとをしてはならないと記した掟書を下すが（列品番号29）、二代目久政の時代からは、浅井氏一族の浅井井伴が、代官として直接年貢を徴収するようになる（列品番号31）。さらに、浅井氏は船の徴用命令を下す他、軍資金を徴発、それを支払えない菅浦は、浅井氏に借銭を負うようになる（列品番号30・18）。また、浅井長政当主時代の永禄十一年（一五六八）には、村に背く行動を行った人々を、菅浦の村掟に従い裁こうとしたが、浅井氏からの介入を受け、断念せざるを得ない状況に追い込まれた（列品番号32・33）。

平安時代以来の庄園領主のような遠方の権力とは異なり、浅井氏は北近江に本拠を構える地域権力であった。浅井氏時代の菅浦の自治は、権力が近くに所在し、強大となったことで、かつての自由がきかなくなったのである。同時に、菅浦は自らの判断で領主を選べなくなり、警察権・裁判権などが制限されていったと考えられる。しかし、中世に成立した自治制度の内、「地下請」や「乙名」制度などの一部の権限や体制は、確実に近世の膳所藩領「菅浦村」に引き継がれていった。

近世村落への変貌

菅浦は、信長や秀吉の時代（織豊時代）に至ると、織田信長の家臣である樋口直房や、長浜城代であった羽柴秀勝、それに佐和山城主となる石田三成の統治下に入ったことが文書からわかる（列品番号34～37）。浅井氏の統治を経て、織豊政権下に入った菅浦が残した文書からは、中世「惣村」時代の菅浦の特殊性はまったく認められなくなる。織豊政権・江戸幕府の村落支配体系の中に位置づけられた「菅浦村」は、一部に「惣村」の面影を残しながらも、通常の近世村落へと変貌していくのである。

なお、菅浦以外の北近江の集落についても、中世において自治組織としての「惣村」が存在したことは、文明二年（一四七〇）の難波村牛頭天王寄進留書（列品番号42）などによって確認できる。その「惣村」が、江戸時代まで制度として存続したことも、寛文四年（一六六四）の（上丹生村）起請文相定ニ付取替一札（列品番号41）によって明かであろう。しかし、菅浦以外の文書については、「惣村」の自治能力や活動の具体相について究明することはできない。庄園体制下の「惣村」については、一定の限界が存在したと考えざるを得ないだろう。

【主な参考文献】
関口恒雄「惣結合の構造と歴史的位置―菅浦惣の歴史を通しての一考察」（『経済志林』三二―二所収）一九六四年
網野善彦「湖の民と惣の自治―近江国菅浦―」（稲垣泰彦『荘園の世界』UP選書　所収）一九七三年
下坂守「『菅浦絵図』の成立」（同著『描かれた日本の中世』法蔵館　所収）二〇〇三年
秋山富男「史料紹介　菅浦総寺阿弥陀寺と菅浦文書について（一）」（『時宗教学年報』四一　所収）二〇一三年

重要文化的景観と菅浦

福井智英

重要文化的景観とは

琵琶湖の最北部に突き出た葛籠尾崎。その西側に広がる長浜市西浅井町菅浦地区の風景が、「菅浦の湖岸集落景観」として、平成二十六年（二〇一四）十月六日、国の重要文化的景観に選定された。全国では四十四件目、滋賀県内では「近江八幡の水郷（近江八幡市）」「高島市海津・西浜・知内の水辺景観（高島市）」、「高島市針江・霜降の水辺景観（高島市）」、「東草野の山村景観（米原市）」に次いで五件目の選定となる。

文化的景観とは、「地域における人々の生活又は生業及び当該地域の風土により形成された景観地で我が国民の生活又は生業の理解のため欠くことのできないもの（文化財保護法第二条第一項第五号）」で、長い歴史の中で人々が作り上げた独特の景観をいう。

しかし、こうした景観は、日々の生活に密着した身近な景観であるため、その価値は気づきにくい。特に重要なものを「重要文化的景観」に選定することで、文化財としての価値を評価し、次世代へと継承していく契機となるよう、平成十六年（二〇〇四）に始まった新しい文化財保護制度である。

文化庁では、重要文化的景観の選定基準として、①水田・畑地などの農耕に関する景観地　②茅野・牧野などの採草・放牧に関する景観地　③用材木・防災林などの森林の利用に関する景観地　④養殖いかだ・海苔ひびなどの漁ろうに関する景観地　⑤ため池・水路・港などの水の利用に関する景観地　⑥鉱山・採石場・工場群などの採掘・製造に関する景観地　⑦道・広場などの流通・往来に関する景観地　⑧垣根・屋敷林などの居住に関する景観地などの項目を挙げる。

今回、この選定基準から①農耕に関する景観地、③森林の利用に関する景観地、⑦流通・往来に関する景観地、⑧居住に関する景観地の複合景観として、また、中世以来の強固な共同体によって維持されてきた歴史的景観として評価されることとなり、菅浦地区の集落や山林、琵琶湖など一五六八・四ヘクタール（陸地六一三・〇ヘクタール、湖沼九五五・四ヘクタール）が選定された。

菅浦の歴史的景観

菅浦に人が住み始めたのは、湖底遺跡などの存在から縄文時代まで遡ると考えられている。万葉集巻九に「高島の足利の水門を漕ぎ過ぎて　塩津菅浦今か漕ぐらむ（高島の安曇の港を漕いでいったあの舟は、今ごろは塩津か菅浦の辺りを漕いでいることであろうか）」と詠われ、湖上交通の要湊であった塩津と共に古くから知られた湊であった。

奈良時代には、恵美押勝の乱で、道鏡や孝謙上皇に敗れた淳仁天皇が落ち延びた地と伝え、須賀神社は同天皇を祭神と崇める。

もとは大浦庄であったが、やがて自立し、菅浦庄として竹生島の支配下となる。『菅浦文書』によると、永仁三年（一二九五）、菅浦は集落の北東に位置する日指・諸河の田畑を菅浦領と主張、以降百五十年余りにわたって、同じく領有権を主張する大浦と争いを繰り返した。この頃には、住民の自治的・地縁的結合に基づく村落共同体である「惣」が形成され、住民自らによる自治が発達していたことも知られる。

戦国時代以降は、浅井氏や膳所藩の支配下に組み込まれるなど、幾多の困難を乗り越えながらも、その誇り高い自立の精神は受け継がれ、今に伝えられている。

菅浦の暮らしと景観

菅浦の集落は、北・東・西の三方を険しい山々に囲まれた、狭隘な扇状地に位置する。昭和四十六年（一九七一）に奥琵琶湖パークウェイが開通するまでは、「陸の孤島」と呼ばれることもあったが、この周囲とやや隔絶した地理的環境により、独自の歴史と文化が育まれた。

集落の眼前には琵琶湖が迫っており、湖岸や屋敷の前には波を防ぐための高い石垣が連なり、独特の景観を維持している。今回、文化的景観における重要な構成要素として、この石垣も選定された（表1）。湖岸から屋敷までのわずかな平地空間は「ハマ」と呼ばれ、生活や生業を営む上で多面的な機能を果たしてきた。収穫した稲の干し場（イナ場）のほか、船の係留場、漁網の乾燥場、山から切り出した柴の積み置き場など、さまざまな用途に利用されたという。「ハマ」は、平地の少ない菅浦において有用な空間であり、人々の生きる知恵であった。

また、集落の東西端には薬医門形式の「四足門」が設置されており、その成立は十五〜十六世紀頃と考えられている。現在も葬送儀礼の際には、門でワラジを脱ぎ、そこを浄・不浄の境とするなど、集落の境界として機能してきた。

さて、山と湖に抱かれた菅浦では、地域の特性を活かした様々な生業が営まれているが、それらの生業が菅浦の景観を特徴づけているとも言える。人々は、山を生産の場として開墾し、燈火用油の原料となるアブラギリ（油桐）や果樹、桑、タバコなど、その時代、時代に見合った作物を生産してきた。一方、魞漁・オイサデ漁等の漁業や舟運など、琵琶湖に面した地形を最大限に利用した生業も形成された。

昭和三十年代には、発動機・農機メーカーであるヤンマーの下請け作業場「菅浦農村家庭工業」が開設され、最盛期には約二十軒の家庭内工場が稼働するなど、菅浦の人々の雇用と生計を支えてきた。現在も十三棟が残り、一部の工場ではエンジンの部品などが製造されている。

随筆家の白洲正子や作家の遠藤周作が魅せられた菅浦は、今も〝かくれ里〟の雰囲気を色濃く残す。急峻な山々と琵琶湖からなる奥琵琶湖の地形がもたらす自然景観の中に、中世以来の集落の伝統、人々の生活や生業によって培われてきた文化的景観が折り重なり合うように融合することで、独特の景観を造り出しているのだ。

長い歴史のなかで育まれてきた菅浦の湖岸集落景観は、私たちが次世代へと継承すべき大切な文化的景観である。

【主な参考文献】

滋賀県市町村沿革史編さん委員会『滋賀県市町村沿革史　第四巻』一九六〇年

藤井五郎『淡海万葉の世界』サンライズ出版　二〇〇〇年

長浜市文化財保護センター『菅浦の湖岸集落景観保存活用計画報告書』滋賀県長浜市　二〇一四年

表1　文化的景観における重要な構成要素

	名称	所有者／管理者	備考
1	西の四足門	菅浦自治会	
2	東の四足門	菅浦自治会	
3	菅浦歴史史料館	菅浦自治会	
4	菅浦公民館・石垣	菅浦自治会	
5	菅浦老人会館（旧菅浦分校）	菅浦自治会	
6	池の口（避難港）	菅浦自治会	
7	地蔵（東の川）	菅浦自治会	
8	西の道祖神	菅浦自治会	
9	東の道祖神	菅浦自治会	
10	金毘羅神社	菅浦自治会	
11	コワタシ（赤崎の崎側）	菅浦自治会	
12	コワタシ（ジャガ側）	菅浦自治会	
13	須賀神社	須賀神社	本殿、拝殿、末社、神饌所、水屋、神輿堂、東社務所（御供所）、西社務所（御供所）、神社に関する石垣、舟形御陵、参道石畳、社務所周辺の樹木、石の鳥居
14	阿弥陀寺（本堂・石垣）	阿弥陀寺	
15	真蔵院	真蔵院	
16	安相寺	安相寺	
17	祇樹院	祇樹院	
18	石垣 全58件	個人	
19	集落	菅浦自治会・個人	

湖面に設けられたウマ（栈橋状の洗い場）　撮影／寿福滋

ヤンマーの家庭作業所　撮影／福井智英

葛籠尾崎湖底遺跡と菅浦

牛谷好伸

九十年間解き明かされていない謎がある。それは、深く暗く冷たい場所で今なお解き明かされずに眠っている。

長浜市西浅井町菅浦は琵琶湖に面した集落であるが、この集落の立地する半島東側の琵琶湖中に遺跡が存在する。葛籠尾崎（つづらおざき）湖底遺跡である。この遺跡に限らず、琵琶湖には多くの遺跡が眠っているのである。

湖底遺跡

日本は水に囲まれ、豊かな景観を望むことができる。滋賀県には琵琶湖という広大な湖があり、太古の昔から水と深く関わって生きている。人々の営みの痕跡は、陸上だけでなく水の中にも認められ、多くの歴史が埋もれている。

水の中に残された人々の営みの痕跡は湖底遺跡と呼ばれる。湖底遺跡は、琵琶湖や内湖（ないこ）（もともと琵琶湖の一部であったが土砂の堆積によって生じた湖）の湖底、川底など様々な場所にあり、多くの遺跡が確認されている。

湖底遺跡は様々な要因で成立し、数々の性格を持っている。例を挙げると、もともと水中にある橋脚、沈んでしまった船や船から落ちた積荷、人が生活をしていた住居や墓、貝塚等がある。

湖底の須恵器

滋賀県内では百ヶ所を超える湖に沈んだ遺跡が見つかっているが、多くは水深一～五メートルの場所に位置している。水深が浅い場所に位置する湖底遺跡は、琵琶湖の水位上昇に伴って水没したかつての集落や、地震等の災害によって水中に沈下してしまった集落と考えられている。

琵琶湖の湖面標高は八五・六一四メートル（大阪湾の干潮位からの高さ）であるが、現在の環境が遥か昔もそのままあったわけではない。

琵琶湖は約四百万年前に三重県伊賀市付近に誕生し、北に移動し現在のような姿になったのは約四十万年前と言われている。

湖底の地質は地形に左右され、水深二十メートルより浅い湖段には砂礫や砂が多く、湖段より下は泥が多くなっている。葛籠尾崎沖は泥の堆積となる。

湖製鉄は底質に含まれる鉄分の酸素がなくなり、鉄イオンとして水に溶け出し、酸素を含む水に触れると酸化鉄に変化してできる。これには酸素を含む水が常に触れることが必要で、葛籠尾崎周辺では礫を核にした大きな物が見つかり、沖島周辺は砂粒を核にした小さな物が見られる。

葛籠尾崎湖底遺跡

葛籠尾崎湖底遺跡は、湖底に存在する遺跡であるため、過去に発掘調査が行われたことは無く、大正十三年（一九二四）にイサザ漁を行っていた漁師が引き上げた土器から遺跡の存在がわかった。

この遺跡に関する研究は古くからあり、昭和二年（一九二七）に『東浅井郡志』に弥生土器、磨製石剣、磨製石斧が紹介され、昭和三年（一九二八）に島田貞彦氏が『有史以前の近江』（滋賀県史跡調査報告第一冊）で葛籠尾崎湖底遺跡について紹介している。

葛籠尾崎湖底遺跡の謎を解明するために研究を行った人物に小江慶雄（おえよしお）（一九一一〜八八）があげられる。彼は、明治四十四年（一九一一）東浅井郡朝日村尾上（おのえ）（長浜市湖北町尾上）に生まれ、九州帝国大学で国史学を専攻し考古学を学んだ後、岡山師範学校、京都学芸大学（京都教育大学）で教鞭をとり、京都教育大学学長となった人物である。葛籠尾崎湖底遺跡から土器が発見された時は旧制中学の学生であったが、考古学を学んだ後、葛籠尾崎湖底遺跡の研究を行なった。昭和二十五年（一九五〇）『琵琶湖先史土器序説』で遺物を紹介し、数々の調査を行った。昭和三十四年（一九五九）「琵琶湖総合調査」では歴史・考古学部門の一員として葛籠尾崎沖で学術調査を行い、日本で初めてスキューバ潜水による考古学調査を行った。また、引き上げられる葛籠尾崎湖底出土の遺物の散逸を防ぐため、見つかった土器等の遺物を尾上区の共有財産とすることを働きかけ、現在は尾上公民館で大切に保管されている。

葛籠尾崎湖底遺跡の調査成果

葛籠尾崎湖底遺跡は潜水による湖底の分布調査を行い、遺物の存在を記録し保存している。調査の結果、遺跡は水深十メートルから七十メートルまでの深さに分布しており、範囲は葛籠尾崎の東沖である。引き上げられた遺物は、縄文時代早期から平安時代後期の土器で、平安時代は皿類が多く、遺物は完形品が多い。湖岸周辺の水深十〜三十メートルは平安時代の皿が多く見られる。また、遺物は湖底に完全に埋没せず、口縁部を上に向けて沈んでいて、湖成鉄が付着している。

湖底の土器

潜水調査の様子

葛籠尾崎湖底遺跡がどのようにして形成されたかについては、湖岸遺跡からの遺物流出説や祭祀により土器を沈めた説、船舶の沈没説など様々あるが、どれも確証を得ていない。深い水の中に位置する遺跡は、大規模な発掘調査を行うことができず、今なお深い謎に包まれた遺跡といえよう。深い闇に包まれた歴史の厚い層は、葛籠尾崎湖底遺跡の解明という問いに対して容易に答えてはくれない。

【主な参考文献】
島田貞彦『滋賀県史跡調査報告第一冊「有史以前の近江」』滋賀県保勝会　一九二八年
小江慶雄『琵琶湖底先史土器序説』学而堂　一九五〇年
小江慶雄『琵琶湖水底の謎』講談社　一九七九年
湖北町教育委員会『琵琶湖の神秘―葛籠尾崎湖底遺跡―』二〇〇九年
公益財団法人滋賀県文化財保護協会『湖底遺跡が語る湖国二万年の歴史　シリーズ「近江の文化財」008』二〇一四年
長浜市文化財保護センター『菅浦の湖岸集落景観保存活用計画報告書』二〇一四年

【写真提供】
長浜市教育委員会文化財保護センター

菅浦の四足門（東門）　撮影／寿福滋

列品解説

企画展『日本中世の村落社会―菅浦文書が語る民衆の歴史―』

列品解説

1　菅浦与大浦下庄堺絵図　一幅

縦九一・五×横六二・三
鎌倉時代（後期）～南北朝時代
重要文化財【七二二】
長浜市西浅井町菅浦　須賀神社蔵

中世の菅浦を描いた絵図として著名であり、さらに日本中世の庄園絵図としても代表的な作品の一つである。菅浦と大浦との日指・諸河の田地をめぐる境界争いに当って作成されたもの。両村の境界が朱で引かれた葛籠尾崎（つづらおざき）と大浦下庄の区域や、それに西に位置する海津大崎を絵図上部に描き、菅浦の領家である竹生島を絵図下部に描いている。

従来から本絵図の裏にある「乾元々年八月十七日」の墨書や関連文書から、堺相論が決着しないため、院宣を受けた中央の官使が派遣され、その結果を院に報告した絵図と解されてきた。しかし、瀬田勝哉氏は、正安四年（一三〇二）は、十一月二十一日に改元され、乾元元年になることから、「乾元々年八月十七日」の年月日は、日本史上存在しないこと等から、本図が後代に作成されたものであることを明らかにされた。

その作成時期は、暦応（れきおう）年間（一三三八～四二）頃で、菅浦が竹生島・山門と共に堺相論を展開した時期と考えられている。また、朱線による境界は、菅浦の一方的な主張が記されているもので、竹生島を大きく描いているのは、菅浦を支持する領家としての姿を強調するためとしている。さらに、瀬田氏は大浦がこの相論を「日指・諸河帰属論」と考えていたのに対して、菅浦が日指・諸河を含めたヤマ・ノラを含む「菅浦領」の形成を目指していたという絵図作成の背景にある思想まで言及されている。

その後、下坂守氏はこの絵図の制作過程を再考し、嘉元三年（一三〇五）十一月以降、延慶二年（一三〇九）七月以前の制作であると結論されている。いずれにしろ、①本図の乾元制作は否定され、後代に制作された絵図であること。②官使が描いた公平な絵図でなく、菅浦の主張に基づき描かれたものであること。③本図から菅浦がノラ・ヤマを含めた「菅浦領」の領域形成の意図が読み取れること。これらは、現在の研究者の共通認識となっていると言えよう。

2　菅浦百姓惣中置文案　一通

縦二三・四×横三七・一
文明四年（一四七二）
重要文化財【八四八】
長浜市西浅井町菅浦　須賀神社蔵

菅浦から竹生島へ上げる「上分」（初穂料的な上納物）の七石五斗について定めた文書。竹生島は暦応の相論においては、菅浦に協力的だったことにより、この上納を始めたものだが、文安相論時には協力的でなかったので、これを上げるか否かは、地下（菅浦惣）が決めることだと述べている。

竹生島の「上分」については、他の年貢とは異なり請取状が十五世紀には存在しないことが田中克行氏により指摘されており、ここでの上納物は義務付けられた年貢ではなく、任意な「初穂」的な性格であったと考えられている。しかし、菅浦は竹生島を領主として認識しており（建武二年（一三三五）八月「菅浦住人供御人役誓約状」【三九八】では「竹生島神領」とある）、やはり年貢の一種と見なしてよいであろう。ここでは、上納物を送るべき領主を、菅浦自身が選んでいたことを示しており、協力的でない領主については年貢を送る必要がないと考えていたことがわかる。

このように通常の庄園体制の外におかれ、上納物を送る相手を自由に選択できた所に、菅浦が領主から自立し、高度な共同体を形成することができた要因の一つがあると考えられる。

（端裏書）
「竹生嶋のをきふミなり」

当所より竹生嶋へ上申候上分事、
其謂ハ暦応年中之時、
日差・諸川自大浦競望時、
自嶋為当所雑掌御上洛候て、
公事無為如先例落居
候間、其為粉骨七石五斗上申候、
今度文安二年之時、又雑掌
御上洛候へと申候へ共、無御上候て、
其後公事落居仕候間、七石
五斗の米ハ運上可申候共、又上

申まじく候とも、地下のはからい
たるへく候、乍去弁才天の御事
にて候間、奉公申候、能々可心得者也、

文明二年八月廿四日　をきふミ也、

3　菅浦訴状具書案　一通

縦二七・四×横二七二・〇
長久二年（一〇四一）～暦応三年（一三四〇）
重要文化財【六三七】
長浜市西浅井町菅浦　須賀神社蔵

鎌倉後期から「菅浦文書」で確認することができる日指・諸河をめぐる大浦との争いであるが、朝廷に持ち込まれた建武三年（一三三六）の訴訟では菅浦が勝訴するものの、暦応三年（一三四〇）の訴訟では敗訴する形となる。本書は、この相論の過程で使用した証拠文書（具書）を写し取り、一連の文書集として纏めたものであり、以後の相論で使用されたものと考えられる。

イ）は大浦の菅浦領有を光厳院が認めたもの。ロ）・ハ）は、その訴訟の過程を示す文書。ニ）は菅浦が日指・諸河が菅浦領とする根拠として度々使用した官符で、大浦庄の立券に際し、その四至（四境）を定めた内容である。日指・諸河はこの大浦庄の四至外と菅浦は判断し、その田地領有の根拠とした。ホ）は菅浦と大浦の主張両方を載せた官使紀業弘の注進状である。この文書とセットの官使報告絵図として、1の「菅浦与大浦下庄堺絵図」が朝廷へ提出された。必ずしも、菅浦の主張を是とする内容ではないが、日指・諸河の田地が菅浦領とする根拠として、本書もしばしば菅浦側によって使用されている。

（端裏書）
「具書」

イ　光厳院院宣

（朱書）
「院宣案　円満院宮庁掠賜之」
近江国大浦庄与菅浦相論日差・諸河事、任文殿
注進大浦菅領不可有相違者、
院宣如此、以此趣令申入円満院二品親王給、仍執
達如件
　暦応三年三月廿日　　右衛門督　判
左大臣法印御房

ロ　光厳院院宣

近江国大浦庄与竹生嶋菅浦相論堺事、
円満院宮御消息　副重事書　如此之事、度々
被尋申之處、于今不被申、さ右如何様
候哉、此上者以一方可有沙汰之由、
院御気色所候也、以此旨可令申入座主宮
給、仍執達如件、
　暦応元
　十月廿六日　　右衛門督資明
内大臣法印御房

ハ　柳原資明勘返状

（朱書）
「大理卿返状」明日資明出仕不可叶候、
抑菅浦堺相論事、彼寺僧昨夕上洛
来月四日可召決之由可仰文殿候、
候、其次第相触奉行官人候畢、明日
可得其御意候也、恐々謹言、　資明
召逢事不可及廻文候哉、毎事参入之
間且令言上候、経超謹言、
　暦応二
　七月廿八日　　経超
柳原殿

ニ　太政官符

（朱書）
「官符案」
太政官符近江国司
　応傍示四至円満院所領大浦庄壹處事
　在浅井郡
　四至　東限鳥坂　　南限山田峯并海
　　西限神楊谷尾　北限往並并土主離置
右太政官今年二月廿四日下彼国符称、応以大僧正
法印和尚明尊私所領字大浦庄壹處、永為円満院
庄、以其応輸宛用常燈仏聖僧供等事、右得明尊
今月廿三日奏状称、謹検古今御願寺諸院通例、或
諸国給封戸、或便所給田畠、以所出物宛如此料、其
　例已多、
更不遑毛挙、今件領所或先皇御領或公卿所也、各
免除租税、已経百余年、而今為院領永勤院事、望請
天裁、被賜官符於国、重為不輸租田、弥免除臨時雑役、
以彼応輸地利、偏宛用毎年修五ヶ度五尊秘法料并
常燈仏聖僧供等料、遥為永代恒典、奉祈万年之宝
祚者、右大臣宣奉　勅依請者、国宣承知、依宣行之者、
件庄雖為彼院領、四至無所見、右大臣宣、奉　勅重
　仰被国、
傍示四至者、国宣承知、依宣行之、符到奉行、正五
　位下守
権右中弁源経成、正五位下行右大史惟宗朝臣在判
　長久二年十二月十三日

ホ　起業弘注進状

（朱書）

「左史生起業弘注進状案」

右今年六月五日　院宣称菅浦与大浦庄堺相論事
差遣官使加実検、可被注申之由被仰下者、同八月
十七日
実検彼堺、注絵図所言上也、両方申詞載右、所論申之、
限南山田峯、在所両方所差申無依違、彼山尾隔二ヶ
所之岡、
成下東西、彼西尾相分二俣、南尾至于赤崎、〈赤崎在所、両方承諾〉
北尾之
山、〈菅浦差申神楊谷尾、大浦庄申云山之田〉　彼山田峯連之、成下南北之南
峯筋、
隔鉢伏山成下津吹羅尾崎之湖際、号大石之石有之、
〈大浦庄差申、号海之在所〉　次限西神楊谷尾事、如菅浦申者、如
載右、山田
峯・西尾・二俣・北尾崎・八幡宮山、至于浦在家差
申之、
大浦庄方者、隔遥之八海大崎山南北限峯堂西海
津領北当庄領、須神楊谷尾是也、彼大崎山南北限峯
西
海津領東当庄也、彼村之大津久見・小津久見・佐味
南加之
尾当庄内也云々、仍同廿一日、於赤崎浜召決両方之
処、大浦
庄雑掌申云、日差・諸河庄号以後、当庄知行之条代々
検注帳明白也、而彼浦押領之、加之以当庄之最中央、
称神
楊谷尾之上者、大崎山南北峯筋之以東非当庄内哉否、
可被尋究之由申之、菅浦雑申云、所差申之神楊谷尾
以
西菅浦非相論地之間、不及陳答之旨答之、所詮大浦
庄四
至堺可実検之旨、両方依申請、限東鳥坂、限南山田
峯并
海、限西神楊谷尾、限北往並土生并離岡之在所、并
違目具
見于論図華、両方雑掌申云、彼差下官使之肝用者、
其
堺為御不審許也、於理非者、年来番訴陳畢、就令実
検
状重依可預　奏聞、理非更非回答限之旨申之、仍見
在之趣、
実検言上、如件、
　　乾元々年八月　　日

4　小串行方書状案　一通

縦三〇・二×横四四・八
文永六年（一二六九）
重要文化財　【一三九】
長浜市西浅井町菅浦　須賀神社蔵

関東御家人である小串行方が、父・民部大夫入道の代から安堵を受けている菅浦惣追捕使の職務を復活してほしいことを、菅浦の領家である竹生島に訴えた文書。「端裏書」により、原本は領家の竹生島にあることが確認されており、本書はその写となる。この職務は、行方の父である民部大夫入道から熊谷直村へ引き継がれたようで、直村が竹生島の神人を称する村人と対立し、職を解かれて同職は海津紀左衛門尉へ宛行われた経緯があったようだ。本来は自身が関東を本拠としていることもあり、鎌倉幕府に訴えて職を取り返すべきだが、ここでは菅浦の領主である竹生島に、惣追捕職への再任を要求すると述べている。

小串氏は上野国多胡郡小串郷（群馬県高崎市吉井町小串）出身だが、室町時代にも湖北地方に所領を持つ奉公衆として見えており、塩津地頭であった熊谷氏との姻戚関係を利用してか、鎌倉時代から当地に地盤を築いていたことが知られる。「菅浦文書」中には、菅浦領有をめぐる訴訟文書が多く伝来するが、その中では最も古い年紀をもつ文書である。菅浦が鎌倉時代から、隣郷の武士の侵略を受け、領主としての竹生島を頼る形で、それらを排除してきた歴史が読み取れる。

（端裏書）

「菅浦事、小串民部入道子息左兵衛尉状案
　　　　惣追捕使所望事
　　　　［　　］正月九月送之、正文ハ在領家御所」

近江国竹生嶋之内菅浦惣追捕使職者、去承久
之比、親父小串民部大夫入道・故武蔵前司入道殿
之御時給安堵以来、知行無相違候之処、小串
入道之聟預置、熊替二郎左衛門尉直村之
刻、彼浦百姓等併仮神人之威、於事成怨
諸之思、致狼藉候之間、依召籠聊百姓少々以
称狼藉之咎被召上彼職、而無指由緒、宛給
海津紀左衛門尉候云々、仍即雖可触申子細候、
鎮住関東候之間、于今自然罷過候了、且近
来仏神人分事、被召武家被管之仁之
所領所職事、所見于御式目候、本給安
堵候之上者、可申関東候へとも、所詮為当
御寺務御計令安堵候はん事、可宜候之
間、内々如此候て申入子細候、以此旨可然之
様可有洩御披露候、恐惶謹言、

文永六—
九月九日　左衛門尉藤原行方（在判）
謹上　竹生嶋別当御房

5　菅浦供御人等重申状　一通

縦二六・九×横四四・一
永仁六年（一二九八）
重要文化財【九六】
長浜市西浅井町菅浦　須賀神社蔵

塩津庄（長浜市西浅井町東部）の地頭である熊谷氏が、「惣追捕使」として菅浦に乱入して種々の不法を行なう事件が起こった。これに対して、菅浦が供御人を統括する蔵人所を通し、鎌倉幕府の京都出先機関である六波羅探題に、熊谷氏の排除を訴えた文書である。この争いについては、五度にわたる菅浦の申状（本書は三度目）、九度の六波羅問状案が残されているが、熊谷氏が在京していて問状（召喚状）を受け取らないため、裁判は進行しなかった模様である。

塩津地頭熊谷氏は、鎌倉御家人として著名な熊谷直実の兄・直中の系統が、近江国塩津庄に土着して勢力を伸ばした一族である。鎌倉時代は「在京人」、室町幕府では「奉公衆」として、京都に地盤を持っていたようだが、土着後間もないこの時期、本拠・塩津庄周辺での所領拡大を目論んで、菅浦への侵攻を行ったと推定される。この熊谷氏の訴訟では、菅浦の領家である竹生島を通して、菅浦代官の一種である「惣追捕使」の名を使って、支配権を獲得しようと画策していた。これに対して、菅浦は朝廷（蔵人所）を通して、六波羅探題での訴訟を展開しようとしていた。

蔵人所近江国菅浦供御人等重言上
為当国他領塩津地頭、熊谷七郎二郎等、号惣補使、乱入
当浦、擬令
進退供御人等、致追補狼藉間、就被下　綸旨、被
下三ヶ度
召文處、是非不及陳状、剰閣供御方沙汰、以領家
御方
可継訴陳由申間、令付去九月卅日御教書於彼地頭
處、
不請取投返上者、早仰御使、差日限被召出彼地頭
熊谷
七郎二郎、欲蒙御成敗事、
副進
二通　御教書案　　三通先進畢
一通　先度訴状具書等
件地頭構不実号惣追補使、去年十二月之比乱入当浦、
可令進退供御人等之由令申矣、致種々追補狼藉之間、
於供御方者、惣追補使名字先々永被停止之、経年
序之處、彼七郎二郎及濫妨狼藉之間、被経御沙汰
最中閣供御方御沙汰、以領家御方可継訴陳之由令
申之間、無謂之旨就訴申、先度被下御教書之處、不
請
取上者、早仰御使、差日限被召上彼地頭熊賛七郎二
良、為
被行狼藉罪科矣、重言上如件、
永仁六年十月　日

6　御厨子所日代下文　一通

縦三〇・一×横四七・三
貞応二年（一二二三）
重要文化財【七一七】
長浜市西浅井町菅浦　須賀神社蔵

朝廷において、天皇の朝夕の膳を準備し、節会などの酒肴も手配する御厨子所の目代が、菅浦供御人に対して、諸方から妨害を排除し、滞りなく供御を上納するように命じた文書である。「菅浦文書」中に収められる正文（「写」や「控」以外の文書）としては、最も古い年号を持つ。

菅浦が供御を納入するようになったのは、天智天皇の時代だとする文書（永仁四年（一二九六）十一月「蔵人所下文」【七一六】）や、高倉天皇の時代だとする文書（建武二年（一三三五）正月「菅浦供御人等申状案」【二八六】）があって定かではない。また、延久二年（一〇七〇）に廃絶した筑摩御厨の供御人が、菅浦に定着したのが、その起源ではないかとする網野喜彦氏の説もある。本書は、その起源が明らかでない中、菅浦の人々が供御人として活躍していた上限を示すものと言えるだろう。

（包紙）
「菅浦領内狼藉停止之
御下知状
貞応二年日代下知　六五　壱通
十一月　」
下　近江国菅浦供御人等
可早任先例、停止諸方妨、無懈怠令忠勤
供御役事
右任代々御厨子所御下文状、於停止諸方
狼藉、可備進無懈怠供御状、如件、
貞応二年十一月　日
目代　平（花押）

7　蔵人所下文　一通

縦三三・七×横五四・六
永仁四年（一二九六）
重要文化財　【七一六】
長浜市西浅井町菅浦　須賀神社蔵

御厨子所を管轄した蔵人所が（御厨子所別当は蔵人頭を兼帯することが多かった）、他所からの乱暴・狼藉をやめさせ、菅浦供御人が供御を供えるようにすることを命じた文書である。宿紙に記され、様式・花押・文言の面でも正文として問題ないと見られる。しかし、田中克行氏の研究では、文安二年（一四四五）から翌年にかけて争われた、菅浦・大浦の日指・諸河をめぐる堺相論の過程で、御厨子所別当を兼ねることが多かった公卿・山科家や、その目代・大沢家によって偽作されたものとする。

文安相論において、菅浦が天皇家へ供御を上納する村人であることを強調し、裁判を有利に展開する材料としたと考えられている。ただ、偽作であるにしても、朝廷周辺で作成された文書で様式的には問題なく、菅浦側を有利に導く証拠文書として機能してきた経緯を考えれば、事実上の正文と考えて差し支えないだろう。

（包紙）
「師河・比差濫妨狼藉停止之
御下知
永仁四年十一月蔵人所下文　壱通」

蔵人所下　近江国菅浦供御人等所
応令早任先例停止甲乙人等乱入狼藉
無懈怠備進供御事
右供御者　天智天皇御宇被建立以降、敢無
相違之處、近年動甲乙人等令乱入当所、比差・
師河致濫妨狼藉之間、供御人等依不成安堵之
思、難備進供御云云、者早停止甲乙人等乱入狼藉、
無懈怠可令備進供御之状、所仰如件・以下
永仁四年十一月　日出納前薩摩守安倍朝臣（花押）
蔵人春宮権少進兼右近衛将監藤原（花押）

8　菅浦供御人等申状案　一通

縦二八・一×横七六・八
建武二年（一三三五）
重要文化財　【二八六】
長浜市西浅井町菅浦　須賀神社蔵

菅浦の住民が他浦へ行った際に、船や積荷を押し取られたことに対し、不法を断じ船や積荷を戻すよう朝廷に訴えた文書である。事件の詳細は、建武元年（一三三四）十一月九日、菅浦の住民・藤二郎が材木を載せ、商売のために船で平方湊（長浜市平方町）に至った所、船と積荷を押し取られたこと。また、同年十二月二十二日、菅浦の住民・平四郎が片山湊（長浜市高月町片山）に至った所、船を押し取られたこと。この二件である。これらの事件や、「船廻を以て渡世」と記していることからして、中世の菅浦では回船業を生業の一つとしていたことが明確に読み取れる。

平方と片山の湊で、菅浦の船や積荷を奪い取った者は、目代代官と称する安食弥三郎と、国司代官と称する春近伯耆坊であったが、前者の仲間として大浦阿古法師の名が見えるので、菅浦と大浦の堺相論が事件の背景にあると見てよいだろう。さらに、平方・片山湊での狼藉が行なわれた原因として、嘉元三年（一三〇五）二月十二日、「日吉上分」の未進分を催促に来た隣三郎を、菅浦住民が殺害した事件があったとする。先の二件は、その報復行為だと相手側は答えているが、菅浦はその事実はないと本書で否定している。

近江国菅浦供御［　］
右当浦者、自高倉院御宇被始置供御
人以来、片時無相違、或守護或近隣地頭・
御家人等致狼藉之時者、則依訴申、被成
下　綸旨・院宣往古先例也、案文備進
之處、去年建武元十一月九日、供御人藤二郎
為買売当国平方浦江罷越之處、
材木一艘乍積之被押取畢、為安食弥
三郎大将、木戸馬允・平方市庭平六
宿所仁取置之、平六甥平九郎・善阿弥・
大浦阿古法師・高介・紀藤二等率大
勢、号目代殿御代官安食弥三郎押取
畢、将又同十二月廿二日、当浦供御人平
四郎罷越片山浦之處、春近伯耆
房号国司御代官押取彼船之間、則
御供御惣官之使、子細何事哉之由令
問答之處、去嘉元三年二月十二日、当
浦供御人等令借用日吉上分物之間、可
紀返之由為相触、隣三郎主従差遣
處、痛負物并令殺害云々、所詮此条
無跡形不実也、銭主誰人哉尤不審也、
作出謀書、号国司御代官、令煩供御人
等、於浦々泊々如此押取乗船、奪取
材木以下所持物難堪至也、当浦者
以船廻渡世、令備進供御者也、無
誠御沙汰者国中狼藉不可断絶、以
何可全供御哉、急速被経御奏聞、
被成下　綸旨、至押取材木以下船

者、披紀返之、於狼藉人等者、為向
後欲被處重科目安、如斯、
建武二　正月

9　堅田・菅浦漁場契約状　一通

縦二八・八×横七八・八
応永四年（一三九七）
重要文化財　【三九七】
長浜市西浅井町菅浦　須賀神社蔵

今堅田・西浦（後の西切）・惣領（後の宮切）からなる堅田の侍衆が、菅浦に対して湖北地域の漁場を保証することを誓約した文書である。本書を見る限り、塩津湊・海津湊・尾上（おのえ）湊・片山湊の地先については、菅浦の漁場であることを認め、堅田がその権利を侵害しないことを誓っている。

中世から近世の堅田は、琵琶湖舟運の上でも大きな特権を有したが、漁業の面でも他浦に優越した権利を有し、湖上全域に渡る漁業権を主張した。これは、京都鴨社（下鴨社）の供祭人（くさいにん）としての地位を背景としたものだったが、常に琵琶湖の各浦と相論を展開していた。この契約状も、堅田と他浦の衝突の一つであるが、中世以前では本件と平安時代の安曇川供祭人との対立が知られるのみである。

本書に関連して、「後小松天皇応綸旨」【七〇九】が発せられているが、田中克行氏の研究では本書を得るための偽文書との見解を出されている。さらに、【三九二】～【三九六】の書状群は、本書に先駆けての菅浦と堅田の紛争に関するものと言われてきたが、本件に遅れて争われた漁場争いに関する書状群であると指摘されている。【三九三】の「樹下宛書状案」で、菅浦は「十八丁の内、堅田人々あみをうたせず候所」として、沿岸から約二キロに及ぶ独占的な漁場領有権を主張している。

（端裏書）
「かた丶の証文之状」

近江国堅田与菅浦海上相論事
右契約之趣者、海津之地頭所之
御媒介仰申、潮上のすなとりの
ししはうしを定申處如此、然塩津口
西東并大崎・同海津前不
可子細者也、就中小野江・片山・
ほうちやう被直差候条、殊更以
喜悦候、然間此上者、海上すなとり
によて、聊雖為、子々孫々違乱
妨成申、更々不可有者也、仍為後年
証拠明鏡四時はうし状、如件、

今堅田　道賢（花押）
西浦　妙願（花押）　次郎左衛門（花押）
惣領　道寂（花押）　道信（花押）
道満（花押）　道観（花押）
道忍（花押）

応永四年十一月廿四日

10　菅浦住人供御人役誓約状　一通

縦三二・二×横五二・八
建武二年（一三三五）
重要文化財　【三九八】
長浜市西浅井町菅浦　須賀神社蔵

竹生島領の菅浦の住民は、朝廷へ食物を納める供御人であり、その住民の権利を堅田漁師が妨害してはならないことを記した文書である。朝廷の「供御所」の役人「左衛門少尉」の署名と花押が文書の袖に記されている。前掲9の資料にもあった堅田との争いを、菅浦が有利に導くため、供御の具体的内容を示し、そこに朝廷関係者の署判を求めた文書と考えられる。

本書では、菅浦が「田畠少なきにより、専ら（もっぱ）湖上の漁をして渡世」と記述するので、中世の菅浦の生業として漁業があったことは事実だが、菅浦全戸七十二の内、漁師の家は五戸に過ぎなかった。この中で、負担している供御役が、鯉三十匹、麦一石四斗四升、枇杷二駄、大豆一石三斗四升と記述しているのも貴重である。また、麦役を負担する在家が七十二戸で、これが暦応五年（一三四二）の「日指・諸河田地注文」【三二六】の登録人数と合致し、当時の菅浦全戸であったと推定される。ただし、大豆役は五戸の漁師は除外して課せられている。漁師以外も含む菅浦全戸が朝廷の供御人として、湖上活動の保証を求めている所に、生業を超えた菅浦の強固な共同意識を読み取ることができる。

（端裏書）
「供御所　義左衛門少尉殿」
（異筆）
「左衛門少尉（花押）」

近江国菅浦住人等供御人役事
右当浦者、為竹生嶋神領、往昔以来敢無牢籠、
雖然依少田畠、専湖上之漁而渡世之處、堅田浦
漁人等動致違乱之間、為断絶彼煩、号其身於供
御人、鯉参拾喉　扇支毎年、不可有増減　麦壹石肆斗四升　加駄賃定、在家七十二宇定
枇杷貳駄、京進定、大豆壹石参斗四升　加駄賃定在家六十七宇内除漁人五

宇定
毎年令済進者也、此併為高家也、尤可被垂御哀
隣者也、但麦并大豆等者、依在家増減可有多少、
在家増減之時者、可被下検見、且此等次第末代為
無異論、此状両通内一通者被召置公方、一通者被加御
証判所下賜也、仍証状、如件、
建武貳年八月　日　　　菅浦供御人等

11　日指・諸河百姓等請文案　一通

縦三一・三×横五〇・二
嘉元三年（一三〇五）
重要文化財　【七二】
長浜市西浅井町菅浦　須賀神社蔵

菅浦の百姓が、日指・諸河の田地を山門に寄進したことを示す文書である。具体的には、竹生島の本寺であった山門檀那院を本家として仰ぐことになった。さらに、現在の日吉大社を構成した山王二十一社・上七社の一社・八王子（現在の牛尾神社）への神役奉仕と共に、同じく上七社の一社・二宮（現在の東本宮）への神役奉仕を契約しており、その神人（じにん）となることを述べている。

菅浦は正安二年（一三〇〇）に行なわれた大浦との訴訟でも、山門檀那院の力を利用し、訴訟を有利に展開しようとしているので、本書で山門寄進を表明しているのは、より強固な援助を比叡山から引き出し、日指・諸河の田地領有を守り切ろうという姿勢を示すものだろう。本書には案文と推定される写が「菅浦文書」中に存在するが（【七一】）、そちらの署名者は、「日指・諸河百姓等」として二十五人の名前をあげる。この内、本書の末吉・重弘・季継は二十五人の中に見えるが、吉充のみは見当たらない。

本書やその写に見える百姓名は、末吉などの漢字二字名であり、室町時代になっての村人名である「〇右衛門」・「〇兵衛」とは相違する。鎌倉時代の百姓名として注目すべきものである。さらに、菅浦は自らの田地領有を正当化するため、「日指・諸河」という限定した箇所を山門に寄進すると述べている。暦応年間（一三三八〜四二）以降に菅浦が訴訟で展開する、山田峰以南を「菅浦領」とし、大浦とは堺を隔てた領域の中で「日指・諸河」の権利を主張する理論は、鎌倉時代には未だ芽生えていなかったことが知られる。

契約近江国菅浦内日指・諸河百姓等請状
右子細者、菅浦内日指・諸河を同国大浦
下庄仁被押領之間、於向後者、所奉寄附
山門也、日指・諸河田畠等、於半分者永代
可為山門御進止、更不可有子細者也、
当浦者自元令備進八王子御油、為
彼神人令勤仕神役之外、更無諸方之
煩、而及不慮之違乱之間、重為二宮
権現之神人、可令勤仕両社神役者
也、将又彼御領内上柳谷、同為山門
御沙汰令入眼者、可有御知行者也、
仍為向後証文、請文之状如件、
嘉元三年二月　日
末吉（花押）　重弘（花押）
吉充（花押）　季継（花押）

12　菅浦惣置文　一通

縦三七・四×横四〇・〇
貞和二年（一三四六）
重要文化財　【一八〇】
長浜市西浅井町菅浦　須賀神社蔵

菅浦の村人が、日指・諸河の田地を、永代売りすることを禁じた取り決めである。一・二年の年季売りは可能だが、完全に所有権を放棄した永代売りを行なった場合は、惣村の寄合への参加を認めないと記されている。日指・諸河の田地をめぐって大浦と争う中、当地を惣の強力な統制下におこうとした、菅浦の村人の意向を示すものだと考えられる。

なお、田中克行氏によれば、菅浦における「そう」＝惣（村落共同体）の初見文書である。よって、本書は、鎌倉時代から存在する菅浦の村落共同体が、「惣村」として確立したということを示している。さらに、湯浅治久氏によれば、本書で言う売却は、菅浦の住民から菅浦以外の住民に田地を売ることを禁じたのみで、菅浦惣村内の売買まで禁じたものではないとしている。事実、日指・諸河内の田地売券が、「菅浦文書」や「菅浦家文書」に残存し、本書は紛争中の田地が、村外の住人の所有になることを恐れて作成されたものと考えるべきだろう。

（端裏書）
「日指・諸河田畠うりかうまじきおきふミ」

ところおきふミの事
一　日指・諸河田畠をいて、一年・
二年ハうりかうといふとも、永代
おうることあるへからす、こ
のむねをそむかんともからに
おいてハ、そうのしゆんしをと
とめらるへく候、よんてところ
のおきふミの状、如件、
貞和二年九月日

正阿ミた仏（略押）正信房（略押）西阿ミた仏
慈願房（略押）現阿弥陀仏（略押）道念房（略押）
仏念房（略押）善阿ミた仏（略押）善阿ミた仏（略押）
（ナカハマ）（タウノマエ）
上阿弥陀仏（略押）西念房（略押）正現房（略押）

13　妙善田地売券　一通

縦二七・一×横四二・〇
文明七年（一四七五）
重要文化財【三五〇】
長浜市西浅井町菅浦　須賀神社蔵

菅浦の妙善が、六貫文で諸河内の「畠田」を柳野（長浜市高月町西柳野・柳野中・東柳野）の蓮光寺（現存しない寺院）に売却したことを示す証文である。売却地の所在地を、小字「ミタラウ谷」とするが、現在の諸河内の通称地名「みたろ」に該当するものと考えられる。「畠田」とは近年畠地から田地へ地目変換した所を示す。さらに、四至（四境）を見ると、北と上（東）が畠で、下（西）が田であることから、諸河内の田地については、下（西＝湖岸側）から上（東＝山側）に向かって、畠地の田地化が進んでいたことがわかる。このような傾向は、中世の日指・諸河では一般的であったと推定される。

また、本所には「春成銭」として六十文が課税されていたことがわかるが、これは菅浦の領主への年貢二十石・二十貫文の内、後者の畠地にかかる年貢銭の一部に相当する。「内徳」はいわゆる加地子のことで、年貢と作人の作料の間に発生した一種の「小作料」である。本書の売買は土地そのものの権利移動を示すものではなく、この「内徳」＝加地子取得権の売買であった可能性が高い。

（端裏書）
「すかのうら　妙善うりけん」

売渡申畠田之事

合半一所者　在所ミタラウ谷、北ハ限二郎
　大夫畠、南ハ限造キワヲ、上ハ
　弥二郎畠カキル、下ハ右衛門殿
　田ヲカキル、此地内ホリキリノ下
　アリ、但公事銭ハ春秋ニ六十
　文也、内徳菅浦升七斗四升也、
　此外万雑公事ナシ、

右件田地元者、難為妙善先祖相伝私領也、
依有直要用、現銭六貫文、限永代柳
野蓮光寺ニ所売渡実正也、但雖可本書
文相副、取失候間、新券文以売渡申上ハ、
子々孫々又何方にても候へ、此書文持出来候共、た
うそく人たるへく候、仍為後日売券之状、
如件、

文明七年乙未十一月廿四日　妙善（略押）
売主菅浦

14　平介畠地寄進状　一通

縦二三・二×横三七・五
文明二年（一四七〇）
重要文化財【七〇五】
長浜市西浅井町菅浦　須賀神社蔵

菅浦の平介が、畠地を菅浦惣の二十人の宿老（乙名）に寄進したことを示す文書。中世の菅浦には、惣有地（惣村の共同経費を支出するための土地）があったことが知られるが、宿老への寄進は、惣村への寄進と解することができ、惣有地の成立を示す文書と言えよう。加地子は三百文とあり、「宿老の中へ進すべき者なり」とあるので、惣村への寄進内容は、この加地子の取得権だったことがわかる。「作人ハ平介」とあるので、耕作権は寄進主の平介に留保された形になる。

赤崎は諸河から大浦方向の「院内」への途中、湖岸北側に存在する小谷で、中世以来田地や畠地が存在したことが知られる。その初見は、永仁四年（一二九六）四月七日の「赤崎田地水入日記」【七二八】で、鎌倉時代から田地が存在したことがわかり、本書では畠地の存在を確認できる。中世における正確な耕地面積は不明だが、田中克行氏は菅浦が負担した二十石・二十貫文の「日指・諸河年貢」は、この赤崎にも対象地があったと推定している。

（端裏書）
「平介との、きしん状」

寄進申赤崎畠之事

合壹所者　在赤崎社頭ノ下ニあり、
　委ハ本文書ニあり、

右件畠者、平介買徳相伝之
私領也、雖然惣庄廿人宿老
之中へ寄進申處実正也、但加
地子三百文宿老之中へ可進者也、
作人ハ平介也、後々末代雖経、
子々孫々他之妨不可有違乱煩
者也、仍寄進状如件、

文明貳年庚寅卯月廿日
寄進之主　すかのうら　平介（筆軸印）

15　前田分算用帳　一通

①縦二三・五×横三七・五
②縦二三・五×横三七・八

延徳二年（一四九〇）
重要文化財【三六六】
長浜市西浅井町菅浦　須賀神社蔵

菅浦の集落内に中世において存在したことが知られる「前田」収穫分の計算書である。「前田」については、「菅浦文書」内に本書を最古として、五通の算用帳・年貢納帳が残っており、それらによれば、少なくとも二段六畝三十四歩の面積（大永二年（一五二二）十一月六日「前田年貢納帳」【四七五】）があったことが知られる。さらに、文明二年（一四七〇）四月二十日の「前田百姓中置文案」によれば、山門への年貢一石一斗の年貢対象地として、四段半の面積が記されている。

「前田」は菅浦集落内において、西船入へ流入する小出川（おでがわ）と、東船入へ流入する前田川の間にある通称地名「前田」の場所に存在したと考えられるが、江戸時代の検地帳には田地としての登録はなく、消滅したものと考えられる。文明二年（一四七〇）六月の「菅浦惣庄前田内徳置文」【三五二】では、惣庄乙名が前田の内徳（加地子）を七斗と決定している。集落内にある貴重な田地として、この田地からの加地子は、惣村の収入となっていたと考えられる。

本書においても、「宮」・「公文分」・「惣分」と一筆ごとに区別されているので、前田からの年貢は惣村の宮である大明神や庄官（公文）への上納分、惣村の収入分など、公的経費を賄う田地であったことが読み取れる。

前田分散納帳

六合六勺七才　宮へ
五歩　一升七合　兵衛三郎
又□そし　同宮へ
八歩　二升一合　江介
同宮へ
八歩　二升六合六勺七才　江介
公文分
六歩半　二升一合之中一才　さこ
た、見半てうたらす　公文分
十四歩　四升六合三才　中二郎
六歩　二升　公文　茶助
此八歩之内一歩二六分一たらす
公文分
八歩　二升六合三勺　四位
又一歩大　公文分
六歩　二升二合四勺　丹後介
公文分
六歩半　二升一合六勺　彦五郎
公文分
二歩半　八合五勺　新三郎
五歩半　五合　惣庄分
公文分
四歩　一升三合三勺　三郎五郎
惣庄分
六歩　五合之中　清二郎
惣庄分
八歩　七合二勺　平太夫
半てうお、し
惣庄分
九歩　八合四勺　弥二郎
惣分
七歩之中　六合八勺五才　善阿見
た、見半てうお、し
惣分
九歩　八合四勺　六郎　はま
惣分
六歩　四合四勺　清大郎
惣分四升五合七勺五才

延徳二年九月八日

16　四五郎畠地売券　一通

縦二八・〇×横四一・七
応永三十一年（一四二四）
重要文化財【八一〇】
長浜市西浅井町菅浦　須賀神社蔵

菅浦西村の四五郎が、大門にある畠を十年の年季売で、竹生島不動院に売却した文書である。一貫五百文で売却しているが、本銭返しの規定（売却金を返せば、年季売りした畠は戻ってくる）があるため、事実上は一貫五百文の借用状で、売却した土地は質入れしたと解釈できる。

本書に地字となっている「大門」は、菅浦にかつて四棟あったとされる四足門の一つと考えられる。現在、集落の東西に二棟残っている四足門は、ヨシ葺・切妻の薬医門である。かつてはもう二棟あったとされ、その内の一棟は、須賀神社の参道となっている菅浦郷土史料館前の辺りに建っていたとされる。明治時代に出版された『名蹟図誌　近江宝鑑』には、明治二十九年（一八九六）の保良神社（現在の須賀神社）景観図が掲載されているが、そこには現存する「西門」と、現存しない「北門」が描かれており、「北門」がこの門に当ると推定される。

現存しないもう一棟は、菅浦内の寺院・祇樹院の前に存在したと言われ、門の土台となっていた石組のみが現存している。

これらの門はいずれも、集落の入口に入る場所に設けられたもので、現状は門扉がないことから、物理的に村の内外を分けるというよりは、精神的に集落の外と内を分離し、村の安全と結束を確保する「結界」の役割を担っていたと見られている。文安二年（一四四五）の菅浦と大浦の相論では、菅浦集落の背後から大浦の住民たちが、集落内に攻め入って来たが、大浦側の攻め手が「大門のきと」に火をかけたので、近くの小さな屋敷が二軒焼失したとある（【六二八】）。ここで焼けた「大門」が、現存しない二棟の四足門の内のいずれかを指すと考えられる。

「菅浦文書」中で、四足門のことを指すと見られる「大門」が、最も早く現れるのは、暦応四年（一三四一）閏四月十四日の「今西二藤屋敷売券」【三五四】で、売却地の所在地が「西は大門を限る」と記されている。これ以降、本書を含めて室町時代の売券・寄進状等五通に「大門」の名が登場する。

（端裏書）
「菅浦西ノ四五郎」

売渡申十ケ年ケ畠之事
　　　　在ハ大門ニ有、東ハ寺の畠限、
合畠一所者　南ハ茶苑ノ限、西大門限、
　　　　北ハ岸限、毎年ニかんすいなく
小豆四
斗宛
上申進候、
右件畠者、四五郎先祖相伝私領也、
但、依有直要用、現銭参貫伍百文ニ
当年辰年より丑年マテ十ケ年間、
竹生嶋不動院売渡申処実正也、
　　　　　　　　　　申候て
此年幾過候ハヽ、本銭を返給候へく候、
其時更ニ言子細申ましく候、
但、年記内ニ未進申候ハヽ、永被取申候へく候、
仍為後日沙汰証文之状、
かちし十合四斗つゝあけ申候へく候、
如件、
　応永卅一年七月日
うり主菅浦西　四五郎（略押）

17　八王子神田寄進帳　一通

縦二六・四×横八六・二
応永三十二年（一四二五）
重要文化財【八一一】
長浜市西浅井町菅浦　須賀神社蔵

桂岩妙中が、菅浦の惣道場であった長福寺（明治八年廃寺）へ、田畠や山・柑子木（みかんの木）、合計十五筆（年号の後の一筆を除く）を寄進した証文である。ただし、文中に「常楽坊御寄進」・「性法坊寄進」と花押が据えられ異筆で記入されているので、桂岩の縁者による寄進も含まれているようである。

寄進の具体的内容は、田地の場合「得分」と記された米、畠地の場合「代」と記された銭である。一筆で合計五本の柑子木が寄進されているが、室町時代の菅浦において「みかん」の木が、「仏供」とみなされていたことは興味深い。

寄進先の長福寺は、現在の菅浦地区公民館の場所にあった惣道場で、本書で「大明神八王子大堂」と言われるように、菅浦「大明神」や「八王子」の神宮寺であり、惣村の惣道場としての役割を担っていたと考えられる。ここでは、「如法経道場」と呼ばれているように、法華経書写の道場でもあった。また、二尊堂とも呼ばれ、現在阿弥陀寺に収蔵されている聖観音坐像（長浜市指定文化財、平安時代）と阿弥陀如来坐像（長浜市指定文化財、平安時代）が祀られていたと言われる。

上記の長福寺の性格からすると、本書は事実上、惣村への田畠等の寄進とみなしてよいと考えられる。また、村内における「前田」の存在や、集落周辺の谷である大浦（現在宿泊施設「つづらお」がある谷）・小浦・小谷や、葛籠尾崎における畠地の展開など、中世の村落景観を復元する際にも重要な史料になる。

（前欠）
奉寄進
　菅浦惣庄　大明神八王子大堂長福寺
　　　則如法経道場、　本願旦那桂岩妙中大姉
合一段　海津西庄内市場得分、海津納斗定九斗也、
　　　此外菅浦升定二斗、年貢引テ残定、菅浦
　　　定四斗
一所前田　半　得分弐斗
一所前田　二畝年貢壹斗
一所大浦菜畠　妙印之御譲也、代二百文、
　　　　　（異筆）
　　　　「此代ハ惣より可入候、」
一所同双菜畠　代二百文　常楽房御寄進（花押）
　　　　　（異筆）
一所小浦菜畠　代百五十文　「此畠も惣のかゐ地
　　　　　　　　　　　　なり」
一所小浦藤五郎畠　代五十文
一所小浦茶苑　　　（異筆）
一所宮腰之畠　代百文　「此も惣より入へく候」
　（異筆）
　「弐百文惣より庵室可入候」　代百八十文
一所法橋屋敷上下此内柑子木大小四本
一所津嵐羅尾中之谷畠代五十文藤三別当寄進
一所松山
一所柑子木一本　庵室上　性法房寄進（花押）

（異筆）
「此畠のかゑハ　ふろの上ニあり」
一所南之藤六屋敷　代百文
一所小谷祇樹庵之上畠代百文
一所尾崎寿慶房畠也　代百文
（異筆）
「五十文惣より入へく候」

十

代上壹貫貳百卅文
米　七斗
応永卅貳年十一月　日
桂岩之御寄進分如件
一所　津嵐羅尾海別当畠代百文　香阿弥陀仏寄進
性法（花押）

奉寄進
菅浦桂室庵［　］代
（後欠）

18　菅浦算用日記　一通

①縦二六・一×横四三・一
②縦二五・二×横四二・八
永禄七年（一五六四）
重要文化財【三七三】
長浜市西浅井町菅浦　須賀神社蔵

菅浦の惣村が、永禄七年（一五六四）から永禄九年（一五六六）にかけて諸方からの借銭を記録した帳簿である。借り主は、阿弥陀寺・清応軒・善応寺・宝珠庵・慶幸庵・宝光坊などの菅浦内の寺院、太郎九郎・小三郎・清八などの菅浦内の住民の他、「平方孫六」は湖北の平方市場（長浜市平方町）の商人と思われる。また、「松本新衛門殿」は大浜村（長浜市大浜町）の大工と推定されよう。特に、戦国大名浅井氏の代官・浅井木工助（井伴）からの借銭が四件も見えており、年貢未進などによる浅井氏への借金が増え、経済的に同氏への従属性を高めざるを得ない戦国期の村落状況が伺い知られる。これは、本書Ⅶ章に見る浅井氏の菅浦支配を、より強固なものにした背景と言えよう。

現在、菅浦には四ヶ寺が存在するが、中世の菅浦にはさらに多くの寺院が存在したことがわかる。本書のみでも六ヶ寺が確認できるが、「菅浦文書」・「菅浦家文書」を通しては、中世菅浦の寺院が十七ヶ寺確認できる。これらを現地比定すると、集落と後背の山との間、一段高くなった部分に並んで存在したことが復元できる。この配置を見る時、菅浦の中世寺院は四足門と同じように、集落外からの厄災の侵入を防ぐ、精神的「結界」としての役割を担っていたことを類推させる。

永禄七年十二月廿八日迄算用おき日記
卅八文　正月従借　太郎九郎
十二月廿八日
貳貫貳百文　永禄八年正月従借　阿弥陀寺
壱貫文　永禄八年正月従借　専幸庵
百廿五文与三郎［　］
九百四拾二文　永禄八年正月従借　専幸庵
二百五十文助四郎
此内七月廿八日ニ三百十文与五郎方渡申
候、百十二文平五郎渡、
拾壹貫　永禄八年正月従借
拾貫九百五拾八文　三文子　松本新衛門殿
貳貫［　］　永禄八年正月従借、
七月ニ二百五十文四郎三郎渡
阿弥陀寺
八貫文　四文字　平方孫六
此内永禄八年七月廿八日ニ三百文藤三郎渡申候
永禄七年
四百十二文　十月従カリ　清応軒
六百七拾六文　永禄八年正月従借　中将公
壹貫文　永禄七年卯月一日　木工助殿
四文字
百拾六文　永禄七年七月従借　善応寺
四拾五文　永禄七年九月従借　宝珠庵
五貫　永禄六年三月八日　木工助殿
米之銭
参百八拾六文　永禄七年正月従借　中将
四百八拾六文　永禄七年正月従借　中将公
八貫百文　借銭　米銭　四文字正月従借　木工助殿
五貫四百五拾八文　正月従借　松本殿
永禄九年正月から四文字也三文字
木工助殿、万事を加へ候て五貫貳百文借りニて候、為後日かき置也、
六月八日ニ
百文　同月同日　宝珠庵
二百文　同月同日　慶幸庵
百文　同月同日　専願坊
百文　同月同日　宝光坊
百文　同月同日　小三郎
永禄八年五月日
壹貫文　借銭　清応軒
永禄八年九月日
八百七拾貳文　借銭　清応軒ノヲ
永禄八年九月日
七百四拾六文　清応軒ノヲ借ル
参百八十

永禄八年八月日
参百文　　慶幸庵ノヲ借ル
永禄八年九月日
貳百文　　清八ノヲ借ル
永禄八年九月日
陸百八拾九文　八十六文　百卅八文　四十五文　清応軒ノヲ借ル

※本書は、合点は省略した。

19　菅浦所証文　一通

縦二七・一×横三九・二
康安元年（一三六一）
重要文化財【一二四】
長浜市西浅井町菅浦　須賀神社蔵

菅浦の惣村置文は、正安四年（一三〇二）の「案書」に関する置文【三三四】、それに12の貞和二年（一三四六）の日指・諸河田畠に関する置文【一八〇】等、鎌倉後期のものが数点存在するが、それに次ぐ古さをもつ南北朝期のものである。

「うしろさいけ」とは「後在家」と書き、表通りに面した百姓家の裏側にあった家のことで、領主や村から賦課される公事銭について、ここでは課税しないことを表明している。一般的に、「後在家」には、隠居や寡婦が居住していたと考えられる。

元徳二年（一三三〇）十二月十五日の「左近尉書下」【七四七】に、「すかのうらの百姓の中ニ、うしろやにちうして御くしにはつるゝ事」とあり、本書以外でも「後在家」については、鎌倉末期から南北朝にかけての時期、課税が免除されていたことを示す史料が残っている。

すかのうらのうしろさいけの事
かみよりすてをかれ候うゑハ、
くし事いちりうもんかけ申ましく候、
このうゑハ、きたきものれうに
をとこ人足をくへし、よての
ちのためにところしやう、くたん
のことし、

康安元十二月三日
しやうみたふ（略押）
たうほう房（略押）
さいくわんはう（略押）
けんあミたふ（略押）
しやうけんはう（略押）
しあミたふ（略押）
しあミたふひかしの（略押）
しやうみたふ（略押）

20　菅浦惣庄置文　一通

縦二七・六×横四五・四
寛正二年（一四六一）
重要文化財【一二七】
長浜市西浅井町菅浦　須賀神社蔵

盗人を裁く時は、証拠をもって行い、罪人との私的な関係は排除し、法に基づいた裁判を行なう必要があることを説いた文書。菅浦は、惣村として裁判権をもつ「自検断」の村として著名だが、それを象徴的に示す掟書として、「菅浦文書」中でも最も有名な史料と言っていいだろう。

惣庄（この場合は、惣村の意味だろう）の組織として、二十人の乙名、次ぎに中乙名、そしてその下に若衆が階層的に存在したことが知られる点でも興味深い。

菅浦諸沙汰之事
定
右或ハ盗人ゆふとも、雑物を引下、
或ハ額のかミをとり、支証亀鏡の有事ハ
上廿人乙名、次之中乙名、又末の若衆
相ともに、如法致可沙汰、敵人仍悪
寄事左右、以惣庄力損人を、いわれ
無者を過躰被行候事、更々無勿
躰次第是也、但支証ある事ならハ、
惣庄相ともに過躰可行、若背此
旨ぬけかけに成、寄合不仕、惣識
事私事を後向、地下煩輩於
返当惣庄而、見こりきゝこりの為ニ、
堅罪過可行者也、仍置文状、如件、
為善（略押）　正阿ミ（略押）
惣庄置文所定　廿人乙名中
宗円房（略押）　清介（略押）
為清（略押）　正信（略押）
寛正貳年七月十三日

21　菅浦惣庄地下置文　一通

縦二八・四×横四二・五
文明十五年（一四八三）
重要文化財【一二六】
長浜市西浅井町菅浦　須賀神社蔵

親が村の裁判によって死罪や追放になったとしても、その子どもには菅浦の住民として家督を相続させるべきこと。寺の住職が在所から追放になったとしても、その寺の領地や什物などの財産を没収することがあってはならないことを取り決めた置文である。中世の菅浦が自らの判断で、村人を死罪や追放に処し、寺庵の断罪なども行なっていたことがわかり、前掲20の文書と共に「自検断」の菅浦を象徴する掟書として、著名な文書である。

なお、本書によれば、罪人の子孫や寺庵への処置が、「無情」に厳しく行なわれたので、「惣村」の規定として、本書を取り決めたと記されている。過度な遵法には抑制がかかるほど、菅浦の自治が発達していたことに驚かされる。

（端裏書）
「地下置文」

定
地下法度公事題目事
於地下無正躰依子細死罪ニおこな
われ、或ハ地下をおいうしなわれ［ ］
跡の事ハ、子共相続させられ候ハヽ、無為
めてたかるへく候、又就寺庵時住持
依無正躰、うちもつふされ、他所へ
おいうしなわれ候共、寺領仏物等之事ハ
相違あるへからさる物也、先々如此置文
色々候へ共、近年余ニ無情重祥に
おこなわれ而ふひんの至候間、かさねて
地下一庄の依儀一紙状、如件、
若背此儀新儀を申さるゝ仁躰候ハヽ、地下
として罪祥たるへく候、　　新五郎太夫（略押）
文明十五年八月十日　　善道（略押）道順（花押）

22　菅浦地下法度置文　一通

縦二八・七×横四二・八
延徳三年（一四九一）
重要文化財【二二九】
長浜市西浅井町菅浦　須賀神社蔵

相続に当っては、親の譲状を第一に考えるべきで、一族中で根拠がないことを申し立てて相続を妨害することがないよう、「惣村」が取り決めた置文である。前掲20の文書と同じく、証拠に基づく裁判・裁定を行なうとする高い法理念を、菅浦の「惣村」が所持していたことが知られる。

（端裏書）
「地下置文」

定　地下法度置文之事
親として、子ニゆつり宛証文もちい
すして、我々ニ任雅意ニふるまう事、
無勿躰題目なり、あまさへ惣をかすめ、
私をおしつけなとする事、言語道断
曲事也、一族中として、ゆわれぬ事を
とりつかれ候方を、地下として罪祥
たるへく候、返々親のしてわたされ候
支証等、いさゝか不可有相違候、此旨背
候ハんするともから、地下として堅罪祥
あるへく候、仍置文状、如斯、

善阿弥（略押）
道妙（略押）
慈願（略押）
延徳参年九月八日　浄願（略押）
高阿弥（略押）

23　菅浦道清料足寄進状　一通

縦二三・〇×横三七・〇
文明二年（一四七〇）
重要文化財【八四三】
長浜市西浅井町菅浦　須賀神社蔵

菅浦の宿老（乙名）として著名な道清（清九郎）が、二貫文を惣村の宿老（乙名）二十人に寄進するので、毎年自らの菩提を弔う供養を行なってほしいことを遺言した文書である。赤松俊秀氏によれば、道清は文明四年（一四七二）十一月八日に没したので、死の二年前の文書となる。

道清は、文安二年（一四四五）からの大浦との相論では、山門花王院の協力を得て、京都で法廷闘争を展開した中心人物であった。また、寛正二年（一四六一）の相論では、日野家代官の松平益親に包囲された菅浦が、滅亡の危機に瀕した状態で、同じ乙名・正順と共に「解死人」として、代官の前に降参に出向いた人物であった。田中克行氏は、文明三年（一四七一）に菅浦が年貢半減に成功したことを、この道清の成果とする、これまでの菅浦研究での史料誤読を指摘、道清を多くの乙名の中で特別視することに疑問を呈している。

確かに、道清の過大評価は慎むべき部分もあるが、自らの弔いを「惣村」に依頼するという大胆な行為を本書で読む時、彼が当時の菅浦の「惣村」内で、別格の人物であったことは間違いないであろう。

（端裏書）
「道清きしん状」

寄進申料足之事
合貳貫文者
右用途者、道清之為後生菩提、
惣庄廿人宿老之中へ寄進
申候處実正也、但、此料足之以利
分、毎年一度宿老而訪に
念仏を御申あるへく候也、

仍為後日遠進状、如件、

文明二年庚寅卯月廿日

すかのうら

寄進主　道清（花押）

24　敏満寺座広名大夫楽頭職売券

縦二六・一×横四一・二

天文十七年（一五四八）

重要文化財【三五五】

長浜市西浅井町菅浦　須賀神社蔵

敏満寺（犬上郡多賀町敏満寺）の猿楽師・広名大夫が、菅浦での春秋二度の猿楽興行権を菅浦惣中へ一貫文で売却した文書である。本書の冒頭に「永代売り渡す」とあるが、本文を見る限り、来年九月まで一年間の年季売証文である。中世菅浦において、春秋二度の猿楽興行が、近江猿楽の一座である敏満寺座によってなされていた事実を知ることができる。この他、「菅浦文書」には年欠八月二十九日の「敏満寺虎若大夫書状」【四三五】が残っており、恒常的に敏満寺の猿楽師を招請していた事実が見て取れる。

敏満寺座は、世阿弥の談話を記した『申楽談儀』に見える近江猿楽六座の一つである。同書には、日吉神社の神事猿楽を務めていた猿楽座として、山階・下坂・比叡の上三座と、敏満寺・大森・酒人の下三座を記述している。この内、山階座（長浜市山階町周辺に所在）、下坂座（長浜市下坂中町周辺に所在）の二座が、現在の長浜市内にあったことが知られている。本書に登場する敏満寺座は北坂座とも呼ばれ、犬上郡に所在した敏満寺に所属した猿楽集団であったと見られる。近江猿楽の根本とされ、他の五座はこの敏満寺座から枝分かれしたものと考えられている。

敏満寺座の活躍は、京都の日記などで室町時代の初期から確認できる。湖北では坂田郡箕浦（現在の米原市箕浦）の土豪・井戸村氏が伝えた「井戸村文書」（本館蔵）中、文明三年（一四七一）八月の「井戸村定阿徳分留書」に、文書を敏満寺の猿楽師「おと若大夫」に預けたとする記述があるので、菅浦以外の村にも、敏満寺の猿楽師が出入りしていた事実が知られる。中世村落における芸能の実態を知る上で、本書は貴重と言えよう。

永代売渡進神事能かくとう新券文事

合春秋二度者

右件かく頭元者、見満寺広名大夫

雖為先祖相伝之私領、依有直用

現物壹貫文、菅浦惣中へ永代

をかきり、以新券売渡申処実正

明白也、然上者、雖過後々末代

子々孫々、於此義ハ以別儀違乱

煩他之妨不可有者也、たゝし来

年九月かきりと定申事、不可有別き

者也、仍而為後日新券文、

如件、

売主見満寺

天文十七年戊申十一月三日　広名大夫（花押）

25　菅浦惣庄合戦注記　一通

縦二八・一×横一七五・三

文安六年（一四四九）

重要文化財【六二八】

長浜市西浅井町菅浦　須賀神社蔵

菅浦と大浦の間で、日指・諸河の田地をめぐり行なわれた最大の合戦、あるいは最も経緯が知られる戦いとも言える文安の相論の顛末を記した覚書である。記された事件は、文安二年（一四四五）三月から翌年七月九日までの出来事だが、本書は文安六年二月十三日に、「越後公」なる者によって記されたことが奥書から判明する。菅浦と大浦の村人同士の激しい合戦の内容を、あたかも軍記物のように記すことで有名だが、その他にも中世村落社会での様々な動きを読み取ることができる。

第一に、本書によればこの合戦にあって、北近江の八木公文殿や安養寺殿などの地侍、それに塩津・飯浦・西野・柳野・川道と他村の人々、それに海津西浜の人々が、合力として菅浦側として戦っている。一方、大浦側として、北近江の八木浜の村人、さらに海津東浜・今津・堅田の人々が加勢している。ここでの合力は、海津の東・西浜が、大浦側と菅浦側に分かれて参加しているように、各地域における紛争を他所（ここでは菅浦）に持ち込み行っていると言えよう。中世の地域間における利害関係が、他村への合力の要因になっていたことがわかる。中世の村落間には、目に見えない複雑な対立と同盟の関係が存在したことを知る必要がある。

第二として、現場での合戦の他に、京都での法廷闘争を果敢に行なっていることである。山門花王院の協力のもと、室町幕府の管領にまで訴状を送り、さらに供御人を統括する内蔵頭・山階家の家司大沢長門守を通して、当時領主だった日野家の法廷でも訴訟を展開している。京都での法廷闘争にかかった経費が、二年で二百貫文に及び、その他の兵糧米・酒代と共に、村の会計を大きく圧迫した事実も文末に記す。菅浦は現地での戦闘と京都での訴訟、この二方面から大浦との戦いを続けていたのである。

第三に、この争いでの反省を、文末に認め後世への教訓としていることである。先述したように訴訟により膨大な経費がかかったことを記す。さらに、菅浦が大浦の者二人を路地討にした結果、菅浦の者が東近江で刺客に襲われ殺害されることになった経緯に触れ、路地討は報復の連鎖になるので行なってはならないと述べている。さらに、今後大浦の集落を攻めることがあったならば、山手からは絶対に攻めることはせず、船寄・浜側から二手に分かれて敵を山に追い詰めるようにして攻撃すべきだとある。この文安相論では、山手からの攻撃により、柳野殿の一族が多く討死した失敗の教訓を伝えている。次世代へ合戦の顚末を知らせ、その反省点も記述することで、「闘う村」としての姿を子孫に伝えようとしている。中世村落＝「惣村」が、共同体維持の意識を根強く持っていたことが知られる。

本書は、中世の村人が上記相論の顚末を自らまとめた記録として、日本でも類例が少ない貴重な文書である。そこから知られる文安相論の経緯を、以下に年表としてまとめておく。

文安二年（一四四五）

三月頃　大浦、大浦山への菅浦住民の立ち入りを禁止する。

六月八日　菅浦、日指・諸河へ入った大浦住民の鎌を七挺取る。大浦、菅浦の船を取る。

不明　海津西浜乙名・堅田辻殿・西野中北方らが中人として入る。

七月二日　大浦が菅浦若衆二、三十人が向山に入った所を襲撃する。菅浦、無傷。

七月四日　大浦、合力衆と共に菅浦集落を攻撃する。大明神の前などで合戦がある。

七月十日　菅浦、合力衆と共に大浦集落を攻撃する。大浦の人家に放火するが、菅浦側十六人が討死する。

不明　菅浦、大浦共に京都へ訴訟する。京都で大浦勝訴の判決が下る。

文安三年（一四四六）

三月十六日　大浦、菅浦の平三を山にて殺害し、船を取る。

四月八日　菅浦と大浦、日指・諸河で合戦を行う。

五月十四日　大浦、赤崎の麦を刈る。

五月十八日　菅浦、大浦の大船二艘を取る。

五月十九日　菅浦、大浦の「大つくみ」・「小つくみ」の大麦を刈る。

五月二十日　大浦・赤崎の残り麦を刈る。菅浦と合戦となる。

五月二十五日　菅浦が日指の田植えを行ったのに対し、大浦が踏み返し、日指・諸河で合戦となる。菅浦、大浦の住民七人を討ち取る。

六月十五日　菅浦、大浦の住民二人を向山で殺害。さらに、山田・小山を襲撃し、一人を殺害する。

七月九日　大浦、刺客をやとい、東近江にて菅浦の住民四人を殺害する。

不明　菅浦の乙名・清検校（道清・清九郎）らの京都での活躍により、菅浦の日指・諸河への既得件が認められる。

（端裏書）
「ひさし・もろかわのをきかきなり」

文安二年乙丑就日差・諸川公事出来由来者、同年の
三月比、敵方大浦より状をこし、大浦山へ地下人不可入由状
付了、然者ひさし・もろかわへ大浦の者入へからすとて、同六月
八日敵方のかまを七ちやう取、同日地下人大浦へのりて候船を
をしとゝむる、然所ニ海津西浜乙名、中人にて鎌と船を
本々ニ取かゑ畢、さ候程ニ、かなたこなたの物ゆいせひをわきまゑ
す、かくてあるへきニあらねはとて、堅田辻殿と申人、大浦又
菅浦うわのりたる間、中人ニなり候へとも、大浦ひいきにて地下
のふそくなるによんてもちいす、こゝに又西野中北方と申
柳野中峯殿の聟なり、又大浦と知音にて媒芥あり、
然者如本たかい二山へ可入相とさたまりけり、かゝるところニ、
大浦者ハこなたへ入、こなたは大浦山へハ入ましきとさためて
候をは不存知、七月二日地下若衆向山へ二卅人、船十
そうはかりにて入ところを、大浦より大勢をそつしてをし
かくる、されとも仏神のかゝゑ、又ハ地下のう

んつをくして、
一人もうたれす、しつ〳〵とふねニのり、一度
ニとんとわらいて
帰けり、さ候程ニ大浦にはこなたよりよせぬ事
ハあらしとて、
海津東はま・今津・堅田・八木浜勢を入、雖相
待とよせさる
間、つゐ〳〵てこらゐかたくて、七月四日午時、
自大浦をし
よする、地下にはかねて申承候勢をも不入、只
西野・柳野勢
四五十騎と地下勢のはかりにて待かけたり、八
木浜・堅田勢
船数十そうにて海上ニひかゐたり、うしろの山
猛勢
にてをしよする、地下無勢なれ共散々ニ合戦す、
大門の
きと二火をかくる間、こなたの小家ニ煙上あり、
かくて敵方
引程ニ、追て出大明神のまゐにて合戦ありて、
敵方あまた
うち手をふせて、地下勢うたれず高名なり、か
くてハ
いか、あるへきにて、同七月十日大浦へをしよ
する、地下勢ニハ
八木公文殿・安養寺殿・河道北南・西野・柳野・
しほつせい・
はるの浦・海津西浜勢を引率してよする也、す
ハマ ゝの浦をは
かいつにしはまうけとりてよする、其時かいつ勢六人うたれて候・山口をは
地下勢と公文殿
勢にてかゝゐたり、安養寺・河道・西野・柳野
ハふなよせより
うゐの山へをしまわしよするなり、はるの浦勢・
塩津勢ハ
おそなわり候て用にもたゝす、はやすのはまをはかいつせいに
てをしやふる也、
山口ゐもうち入、其時中二郎と申者一人うたれ
畢、上の山の
勢もきしをおり、面々ニ放火すといゐとも、ふ
なよせをやふら
さる間、柳野・中峯殿一そく九人までうたれさ
せ給う、此
恩末代まてわするへからす、かくて其秋ハ田を
はこなたへ

かりて取候、京都へ自地下も大浦よりも注進す、
雑掌人上、
色々たいけつす、然間大浦には当御所のため、
をちこの御
僧相国寺常徳院と申をゐんニとる間、まつ大浦
へ安堵
の状、裏松殿被成下畢、其冬ハひさし・もろ
かわの桑木
を大浦へきられ畢、しかれとも　上意たる間ま
つこらゐ
畢、次の年三月十六日、平三と申者一人、山に
てうたれ
畢、是ハこなたの者なり、其時船を一そう大浦
へとられて
て候、その比より京へ人をのほせ、なけき申最
中也、同四月
八日大浦より大勢をもよをして、ひさしの田を
うち畢、
又地下より出立、田うち二向ふ、敵方こらゐす
してもろ
川へひきぬ、こなたの勢かさなる間、白山ニ居
たるかたきも
引、こなたの勢ハ白山をちんニとる、敵方ハも
ろ川ニひかゐて
矢いくさあり、爰ニ高名を申せは、山田かミね
にてとゝめ
たり、地下勢ハわつかに十人はかりなり、敵方
ハ百人計にて
かゝるといゐとも、さん〳〵ニいられておいを
とされ、はたへ
のひこ大夫と申者ハ、五藤三郎と申者の矢一に
てうたれ
たり、本人にて候間、こなたの喜これなり、
万一山田かミね
やふれなは、白山もあやうかりしかとも、敵方
をおいおとし、
地下のめいよこれなり、其年ハ耕作とゝまり候、
同五月十四・五日
比、赤崎の麦を少々大浦へかる間、そのたうニ
大浦さひ大
つくミ・小つくミの大麦をこなたへかり取也、
大浦まゐ二船
をけいこニすゐ、うミ水ハ多し、こなたハいか
る間、敵方ハ
一人も不出合、これハ五月十九日之事なり、春
ふねをとりて候
ふんには、同の十八日ニ大浦の大船を二そうま
て取て候、

そのふそくにや、赤崎ニ残麦を同月廿日やわた
　山ニけい
こをすゑ、かり候ほとに、こなたよりをいやふ
　り、あまた手
をふせ畢、ひさしの田をこなたより少々うゑて
　候へハ、
同五月廿五日猛勢にて田をふミかゑす、自地下
　出合、敵方ハ
ほりきりをちんニとる、こなたハけうらはうそ
　のミねを
陣ニ取、辰の尅より申の時までにらミあい、た
　かいニまつ所ニ、
海津ひかしはませいをまちつけてか丶る、こな
　たもあい
か丶りニし、敵方ハ数万騎なり、地下勢ハ只七・
　八十人計にて
よせあわせ、散々ニ失いくさ仕、酉のおわりニ
　敵方を追
落、六七人打、あまた手をふせて引、高名と云、
　本意
をとくると云、何事か如之、地下勢ハ一人もう
　たれすして、
悦喜無申計候、又同六月十五日ニ大浦者八郎三
　郎・藤
九郎二人、向山大浦谷まめのはまといふところ
　ニて打候、
其夜やかて山田・小山へをしよせ、放火し一人
　打候、
然所ニ七月九日ニ、地下者ひかしあふミへ越と
　ころを、敵
方人をやとい、代をいたしてたのミて、平二郎・
　平三郎兄弟・
清別当・二郎大郎と申者四人までうたれて候、
　向後も
路次うちハかなふへからさる者也、これは八
　郎三郎・
藤九郎を路地うちニしたるいわれなり、このふ
　そくニ
大浦へをしよせ、本意をとけんと若者共申とい
　ゑ
とも、京都へなけき申公事中半にて候間、不可
　然
とて京より下知状被下間、思なから留りつ丶、
一、公事無為之趣をたつぬれは、山門花王院御力
を得、山の使節の挙状をとり、官領へさしつけ
列参仕、それより奉行へ申、道理ある支証等も
数通さしいたす、雑掌ハ清検校と申人、粉骨
至はしまわる間、任先規道理令安堵者也、又
京にてハ　内裏　山階殿御代官大沢長門守、
奉行飯尾ひせん殿と知音ニよんて無御等閑、そ
　の雑
掌ハ田中兵衛也、かやうにひきまわし候て落居
　仕者
也、自今以後も若此公事出来候ハ丶、如此京都
　をも
つくろい、地下人もけなけニつをくもち候へく
　候、
万一大浦へよする事候ハ丶、山口と上の山より
　ハか丶るへからす、
勢ハ多候とも、船よせからとすのはまと二手ニ
　よせて、敵方
を一方へおいたすやうに仕候へく候、七・八十
　の老共も弓矢を
取、女性達も水をくミ、たてをかつく事なり、
　後も如此
ふるまい候へく候、京都の入目代ハ二年ニ二百
　貫也、
地下兵糧五十石、酒直五十貫文なり、此入目ニ
　五・六
年ハ地下計会して借物多く候也、為向後心得
如比書付畢、

菅浦
文安六年二月十三日　惣庄
執筆越後公也

26　菅浦・大浦庄騒動記　一通

縦二八・〇×横一三〇・〇
寛正二年（一四六一）
重要文化財【三一三】
長浜市西浅井町菅浦　須賀神社蔵

　文安の相論と共に、日指・諸河をめぐる合戦として著名な寛正の相論の顛末を記した文書である。菅浦の者が大浦下庄内の山田（長浜市西浅井町山田）へ商売に行って殺害された報復に、菅浦が山田の集落を襲い、四、五人を殺害し放火した。これを受けて、両者が事件を当時共通の領主であった日野家へ訴え、その法廷での裁判となった経緯を記す。日野家では、いずれの主張が正しいか「湯起請（ゆぎしょう）」が行なわれた。「湯起請」は古代の盟神探湯（くがたち）に起源を持つと見られる中世の裁許法で、熱湯の入った釜の中に石を置いて、これを両当事者に探り取らせ、手の損傷具合によって勝敗を決めたものである。この菅浦と大浦の争いでは、菅浦の代表が最初に殺害された者の老母であったのに対し、大浦庄山田の代表は若者であったので、手の損傷が少なく、菅浦の非が決せられたとする。

この神裁を受けて、菅浦と大浦両所の領主となっていた日野家の代官・松平益親（徳川家康の祖とされる）は、塩津熊谷氏・今西熊谷氏・山本氏・浅見氏などの近隣の武士、日野牧（蒲生郡）の勢力や高島郡の朽木氏、松平氏の本拠・三河国から来た家臣など遠方の援軍を加え、海津東西浜・八木浜などの近隣村人をもかり出す形で、菅浦を亡所とするため四方から攻撃を仕掛ける事態に陥った。最終的には塩津熊谷氏の仲介により、菅浦の乙名二人・道清入道と正順入道が、降伏を松平益親に伝え、菅浦の滅亡は避けられたと記している。

村落間紛争の裁判方法としての「湯起請」の方法を、如実に現代へ伝えている点が本書の最大の魅力と言えよう。なお、本書からわかる寛正相論の裁判・相論経緯を下記に纏めておく。

寛正二年（一四六一）

七月二十四日　大浦庄内山田、菅浦の商人を「盗人」として殺害する。

七月二十九日　菅浦、山田へ押し寄せ四・五人を殺害する。

不明　菅浦・大浦、日野家へ訴訟する。

不明　日野家での裁判（湯起請）が行われ、山田の若者、菅浦の老婆に勝利する。日野家、菅浦退治を決める。

不明　菅浦、「盗人」と決めつけられたので、合力する村なし。

十月十三日　大浦とその合力村、日野家の代官である松平遠江守（益親）を大将として菅浦を四方から攻撃する。菅浦、熊谷上野守を中人として、降参する。道清入道・正順入道、松平益親の所へ出頭する。

寛正弐年辛巳七月廿四日、当所者為商、色々物を所持仕、大浦庄内山田罷越候處、無明無実生涯させ候、此方よりもちて候雑物もなし、ぬすミたると申雑物も見へす、生口にてもおかす、理不尽ニ生涯させて候、其不足依為千万、同廿九日山田へ押寄、人を四五人打放火仕、驪自大浦令注進、当所よりも注進至、於京都理非の趣依無御存知、両方令上洛、日野殿於御前可遂対決由、度々召符被下、山田本人も罷上候、当所には山田ニて生涯仕候物ハ独身にて、親類兄弟も候ハぬ物にて上へき仁なし、老母の候か、我罷上雖及問答、猶以依不事行、既及湯請文、

両方手を地頭松平遠江守一見せられ候、山田物ハ若者なり、殊ニ男にて候間少はれて候、老母ハやせて候程ニ大ニ見へ候て、山田百姓方へ理を相付、当所者ハ盗人の罪祥になされて候、さ候程ニ、日野殿いきとをり以外ニ候て、可加対治由御状下され候、此事如何〳〵と雖為談合、盗人の名取たる間、不及了簡、大浦百姓ハ古敵当敵とたるニよつて、私には不遂所存、公方相共ニ無念をさんし候ハんとて、合力あるへき方へ状をつかハし、勢をひき、当所を永代せめうしなふへき手たて不及申候、又京都へわひ事状十ヶ度まで進上仕候へ共、ぬすミをするのミならす、山田百姓を四・五人生涯させ、放火し馬牛を焼ころし、なへ・かまをうちはり候、かやうの事ハ、一向地頭へたいして不足なりとて、更々無御承引候、地下の談合には、かねて申承候方へハ、皆々京都より御奉書付にさゝる弓矢のまゑには無御心元候、我も〳〵と状をこし、合力あるへきよし候へしか共、盗賊の名取にて日野殿よりの御勢相向ときゝ、又ハ御奉書をつけまわさるゝ間、地下よりたのむといふとも、公方事にてをくれ候ハすハ、面目なき事にてあるへく候、さるまゑハ余所勢ハ一人も不入、只地下勢はかり、ゆにも水にも成候ハんと一味同心候て、枕をならへ打死仕候ハんとおもひきり、要害をこしらゑ相待候處ニ、同十月十三日ニ松平遠江守を大将ニて、しほつ熊谷上野守・いまにしくまかゑ・山本・浅見率大勢、彼の敵方ハ便宜をかたらい、松平殿勢には三河よりものほる、日野まき・くつき勢数万騎引率して、大手大明神前へつめられ候、大浦勢ハ七村を二ニ分、大峯より西谷へくたす、尺迦か頭・高の手には山田・小山、はたへ勢ハ尾崎まて責下、山本・今西勢ハいわしか尾ニひかゑ、からめてニハ海津東西・八木浜勢数万そうの船にてうかむ、地下にはわつかに老若百四・五十人にて、城をかため、只一すちニ枕をならへ打死□候へ、目と〳〵見あわせ、二・三度の時のこゑをもあわせす、ひそかにしつまりきつて候ところを、よせてこわ〳〵やおもわれ候ける、くまかゑの上野守の手より籌策をめくらし、色々依口入、煙をあけ、けし人には道清入道・正順入道命を捨、しほつとのゝ同道にて、松平遠江守まゑ出、かう

さんをいたし候て、地下ニ無為無事ニ候し、相構
〳〵
少々の不足候共かんにん候て、公事の出来候
ハぬやうに、末世末代まてこれを手本ニして
かんにん候へく候、最初ハさしたる題目
にてハ候ハねとも、如此大ニなり候間、為心得書
しるしをき候、
寛正二年十一月三日　書之

27　大浦下庄訴状案　一通

縦二八・四×横二一四・三
寛正四年（一四六三）
重要文化財【六三三】
長浜市西浅井町菅浦　須賀神社蔵

大浦下庄の七ヶ村の住民が、代官であった松平益親の不法を、領主日野家へ十ヶ条にわたって訴えた文書。当時、菅浦と大浦は領主も代官も同一であったこと、本書が日指・諸河についても触れている所から、菅浦がその写を入手したものと考えられる。菅浦の北隣に展開した大浦下庄の室町時代の状況を知る史料として貴重である。大浦下庄とは、江戸時代の大浦村・黒山村・小山村・山田村・東八田部村・西八田部村の六ヶ村に、月出村を加えると見られる（いずれも、長浜市西浅井町内）。

その非法とは、松平が菅浦寄りと批判する名主百姓二人を殺害、三人を追放し、その跡を闕所として没収、下作人を雇って直営田を展開していること。これまで領主直営田の実績がなかったこと。公事を残りの九人の名主に割り振り、少しでも未進すれば年々繰り越して高利を加えた他、過度の夫役を庄内に課していること。さらに、山野や魞を勝手に支配し、その配下の者も不法を働くといったものであった。

本書の中で特に注目すべきは、日指・諸河の田地には、もともと大浦下庄二十五名の内の一名半が存在したとする記述である。大浦が日指・諸河の領有権を争うに当っては、菅浦のムラを含めた全体の帰属ではなく、日指・諸河の田地のみの帰属を問題にしている根拠がここに示されている。他方、菅浦は田地を含めた菅浦の領域を問題としており、菅浦と大浦の堺相論と認識していたのとは好対照である。

また、大浦庄の名主たちは、代官松平氏が菅浦びいきと批判していたことが知られる。寛正の相論においても、通常の裁判で決着するはずが、「湯起請」という神裁まで至ったのは、松平が菅浦びいきだからと非難されている。このように大浦側の史料から見ると、松平氏が結局、菅浦を総攻めせざるを得なくなった背景には、地域の様々な利害関係があったことが類推させられる。

大浦下庄の室町時代の状況や、菅浦との争いの裏側が垣間見られるなど、他の「菅浦文書」にはない情報が多く含まれ貴重である。

謹言上大浦自下庄申上目安事
享徳元年閏八月六日ニ御百姓二人生涯させ
られ候、其外三人地下を御うしなひ、跡を
けんしよめされ候、か様の御沙汰ハさしたる
題目にあらす、先年ひさし・もろ川の下地ニ
つゐて、菅浦と相論之時、松平殿すかの
浦を御ひいき候間、其子細をかたく申ニ
より、御意にちかひ、か様ニなされ申候、既
十二
年か此方、地下人の御ありさま中々申ニ
不及候事条々申上候、
一、大浦の下庄ハ廿五名と申といへ共、一名半
ひさし・もろ河ニ候、残廿三名半之内五人の
跡九名の分、十二年か此方、かんらくめされ候
て、
残御百姓九人ニ此名の諸公事をさせられ候
間、計会請ニ過候、さ様のひ公事を仕候ニよて、
地下のしつつゐ候、御年貢少事も未進
仕候へハ、年々をくり高利をくわへ、堅御
さいそくニ預申候間、了簡ニ不及候て、名田を
此分ニ参上候、かれと申、ひ公事と申、迷
惑候、さ候間、御百姓五人御罪科之事ハ
さも候へ、又子孫をも召出され、御公事等をも
させられ候ハて、其まゝ永名田をも召上
られかんらく候、結句残御百姓をも已前の
様ニ名田をかんらくめさるへき御あてかい、あ
まり
に御なさけなき事候、
一、此かんらくの下地共、皆々さんてんニめされ候
て、下
作人ニ御おろし候時、請料と被仰、壱反別ニ
二百文宛の一献を仕候、か様ニ候て其ものちか
い
なき間ハ、後の一献も不入候を、毎年請料を
させられ候ハんために、万のひ公事を仰かけ
られ候間、作人も少々地下をかけおち仕候、
あるいハ御年貢少事未進仕候へハ、せひの
あきらめもなく、当座ニ御さいくわめされ候、
又
おひうしなわれ申候、尤公方さん田計仕候て、
本よりの事にて候、あるいハ寺庵御公事
仕、名田之内下地等作仕候物を、其まゝ田
畠の上之毛さくまてめされ、跡をけんふ候へハ

仏所もたへ候、御百姓のなげき此事候、
一、地下の山畠之事、昔より此方御公事仕
候名田の内、あるいハ寺其外の野山ハ、地下人
木柴を取、身命をつき候を悉御はやし
候て、地下のもの木柴を取候ハんする在所も
なく候之間、人民のなげき此事候、自然牛
馬はなれ候て、草の一口あらし候へハ、其を
事もとめニめされ、一こんをかう〳〵にさせら
れ、
あるいハ地下をおいうしなわれ申間、迷惑此
事候、
一、地頭して、昔より此方於地下手作めされたる
其ためしなく候を、地下人ニ悉仰付、かんしき
をたにも不被下、二百人・三百人とめしつか
われ候へハ、さやうの事ニよて、地下の耕作も
おそくひらき候へハ、りんかうの作物より
大浦下庄ハ毎年わろく候て、地下人迷惑
此事候、
一、やくの夫と申ハ、京に十六日上下四日仕候、一
名と
して二年ニ一度ならてハ不仕候へ共、今ハ名主
ハ
すくなく御なし候て、公事ハ同物ニ候間、しけ
く
まいり候間、事の外つゐへ無申計候、又
立帰と申人夫ハ、一やくニその荷ニよて、
四百・五
百つゝつかい候て罷上候、本ハ年ニ四・五なら
てハ
仕候を、今ハ月ニ七・八御上候事、余ニ不便ニ
存候、
ちかこありきと申て、地下にて御代官の御仕候
物、これも月ニ五人・三人の事にて候を、今ハ
日毎ニ廿人・卅人めしつかハれ申候へハ、一年
中
の間にハ其数をしらす候、これハ御代官はかり
の事にて候、其外の御披官さままても、
用ことにかんしきをたにも下され候ハて御つか
い候間、皆々地下の計会無申計候、
一、月迫ニ御代官御上洛之時、人夫二・三十人御立
候、既御過書にハ人夫百五十人と御意候へ共、
関なとをも御侘事申候へ共、御承引なく迷
惑にてめされ候、御過書百五十人と候へ共、其
かい
もなく候、
一、魚をとるゑりの事、むかしより五所・八幡
両宮の御神事ニ付たるゑりにて候間、名主中
よりさし候て、御こくを備申候を、おさへめさ
れ候て、
十貫余の入目にてさし候を、御百姓ニ被仰付
さゝせられ候、魚を取候へハすしにめされ候て、
廿
人・三十人の人夫にて京都へ取御上候、御百姓
の
つゐゑかきりなく候、八幡の御こくいまハとま
り、
地下のさいれいも十二年か此方、絶うせ候へハ
いよ〳〵
ミやうかんも計かたく候、
一、昔より田舎にて御代官のために小炭の代と申
て、代を出申候、外ニ炭を卅石・四十石とめさ
れ候、
此すミやき候在所へハ、かた道三里、大山をこ
し
候、たわら一つゝやう〳〵おいこし候間、一人
にハ代
百文のついゑを仕候て、取よせ申候、軈而京
都まて付させられ候へハ、御百姓の大儀此
事候、
一、此間、松平殿御中間太郎右衛門内子を地下ニ
御おき候て、家を作、地下の森林、人の恒中
の竹木、その外人足を仕、かいニまかせ、いミ
しきはたらきくわんたい申はかりなく候間、
父子共ニ生涯させ申候、一向是も松平殿の御
あてかい、御なさけなきニよて如此候、
一、菅浦の物、先年大浦庄之内山田と申
在所ニぬす人ニ入候處を、地下人おきあい、う
ち
とめ候を、帰てすかの浦の面々へ山田をはんか
う
仕候間、をしよせ一弓矢取、一人候へ共、先松
平
殿へ注進仕候之處、しんさいまてもなく候を、
すかのうらを御ひいきニよてしんさいニ及候、
神に
まかせ申、しんさいにも取かち候、さ候上ハ菅
浦を御たいちも候て、大浦の面目をもほ
とこされ候ハて、かう〳〵の一こんをめされ、
無為ニ
さしをかれ候間、弥々大浦庄面目をうしない
申候、か様の事万御あてかい御なさけなく候
間、松平殿御子孫ニおきて、御代官にハ叶申
ましく候、よの御代官をも御下候て、地下をも
御
たすけニあつかり候ハゝ、御忝可存候、とても
久しき御本所の御事にて御座候間、早々

余人ニ被仰付候へく候、松平殿におき申
候てハ、生後叶申ましく候、其為ニ地下を
罷出候上ハ、なんねんニても候へ、罷帰ましく
候、
乍恐、此旨預御披露者可畏入候、
寛正二年九月二日　　大浦下庄七村御百姓等
進上　御奉行所

28　松平益親陳状　一通

縦二八・七×横一三八・六
寛正五年（一四六四）
重要文化財【三一八＋八二八】
長浜市西浅井町菅浦　須賀神社蔵

大浦下庄の百姓から訴えられた日野家の代官・松平益親が、非法とされた件について弁明した文書である。名主百姓一人を殺害、三人を追放したのは、百姓たちが享徳元年（一四五二）閏八月二日の夜、他所から悪党を語らい入れ、荘園の政所を攻撃し、益親を殺害しようとしたからだとする。没収した土地を小作人に耕作させ、直営田を展開していることは「天下の大法」で認められたことと。あまつさえ、最近は耕作者がいない田地があり、それを収公して小作人に宛行い、直営田を経営していること。

過度の夫役を庄内に課しているとの訴えであるが、下代官にも尋ねたが、そのような事実はないこと。さらに、山野の柴木や魞を勝手に支配しているとも訴えられたが、百姓の柴木も確保しその売買も認めていること。魞は本来代官が管理するものであり、百姓が管理するというのなら、その証拠を提出すべきこと。菅浦との争いにおいては、両者の主張が明確ではないので、「湯起請」を行い、菅浦の非が明らかになったので、同所へ大軍で発向した。しかし、菅浦の古老が死を覚悟して降参したので、同所は自分の領民でもあるので許したまでのことで、自らは決して菅浦びいきではないと、八ヶ条にわたって主張している。

本書の最後で述べる「（大浦・菅浦）両方ともに当奉行の地たり、何の親疎かあるへき哉」というのが、益親の率直な気持ちであったように思われる。前掲27の文書と合わせ見る時、大浦庄内における領主「政所（まんどころ）」や、直営田の存在などが確認できる。また、代官の庄内への人夫賦課や、庄民との山野をめぐる権利争いの展開、それに魞の帰属に関わる紛争など、中世村落が抱えた多くの問題が記されている。大浦・菅浦だけでなく、史料が少ない湖北の中世村落の実態を究明する上で、数々の事例を提示してくれる文書と言えよう。

松平遠江守益親謹言上
江州大浦下庄の御百姓等、はしまゝに
掠上間、訴条々
右去享徳元年潤（閏）八月二日の夜、御百姓等他所
より数勢の悪党をかたらひよせ、夜盗と号し、
政所へおしよせ、益親に生涯いたさすへき企を
仕處に、彼人数の中より、返忠の者あつて、つ
けしらするによんて、用意仕相待間、支度
相違して、他所の悪党とも各退散せし事
其隠なき間、塩津より熊谷をかたらひ、かの合
力をもつて、張犯の輩を召取、一人誅罰する
處に、罪科を身におはゆる百姓三人ハ、おの
れと逐電仕畢、しかるをひきさし・もろ川
相論の公事に、菅浦を贔屓仕て沙汰いた
すよし申かすむる歟、かの相論の事は、先
年飯尾肥前・同加賀入道を奉行につ
けられ、両方御糺明の時、菅浦よりハ数通
の支証を出帯するといへとも、大浦にはさらに
証文なきによつて、支証にまかせて、上意とし
て
御裁許あるものなり、然益親か過分の一献を
受用して成敗いたすよし申事、言
語道断次第也、
一、罪科人の跡、闕所として散田におろす事ハ、当
所にかきらさる大法也、大犯三ヶ条の上ハ、いかで
か永代かれらか子孫安堵仕へきや、現身にあた
りての敵なり、何益親か知行の間に許容仕
へき哉、
一、散田を作人に宛行時の請料の事ハ、代官に
相尋處に、一段別に百文宛請料を出す事ハ候、
地下の法として、名主とも下作の儀皆如此、その
百姓未進懈怠なきにいたつてハ、雖為何ヶ年
無改替之儀、しかるを毎年貳百文宛かけとる
よし申事、あとかたなき奸曲也、ことに去疫病の
年より、地下人若干餓死仕と申、飢饉と申、旁
以計会の間、田地耕作の事をたに申付かぬる
上ハ、百文宛の請料をも沙汰いたさする事、
なきよしを申もの也、但於此題目者、益親
直に不存間、請料沙汰仕百姓あらハ、請取を
もつて罷上、私か代官と対決つかまつるへ
き歟、
一、当所山畠、其外寺野山等悉はやす間、柴木
かるへき所なき由申事、これ又毛吹て疵
をもとむるもの歟、此在所ハ四方山林にして、

地下人薪をたつねかねる事ハ更なし、地下の
井溝修造の時、方々奔走して他所におひて
材木を買處に、かんかふ山と申山を、地下人等
のはからひとして柴木を切取、数艘の舟を
もつて他所へいたす事あり、この山は先々ハ
はやしおき、か様の用木にめしつかふよし聞
出す間、此十ヶ年あまりはやすものなり、田畠
を林になす事更なし、かんかふ山をもいまの
刻、雅意にまかせ切売由承及也、一、御代官手
作仕事ハ、去餓死の年より御百姓過半減
少する間、耕作かなハさる田地とも、そのまゝ
捨
置へきにもあらす、又一年不作する下地は、後
年に開といへとも、新開と号し、しはらくハ年
貢を不備間、一人に米一弁ぁて下行いたして
手作仕候事ハ勿論なり、然食物を下行仕候
さるよし申事ハ、御高察もあるへし、既
食物の秘計かなハさるによつて、自作の田地を
さへ
上表仕、御百姓等不与食者、可応課役哉、名田
闕所の間、残名主役夫以下之事、非公事を仕由
申といへとも、公文名分に四ヶ月の役あり、こ
れハ
先々雖為格別、彼闕所以来加用者也、次
立帰の事一月に二度には過へからす、現夫のな
き
時ハ、二百五十文あて出すをもつて、地下人の
中にも
罷のほるなり、然を一人の夫銭過分の由申かす
むる
物也、又ちかこありきと号して一日二卅人
国にてめしつかふ由申事、代官にたつぬるに、
更に
その分なき由申といへとも証拠なし、御百姓を
可被召合也、
一、月迫に代官罷上時、夫二三十人たつるよし申
事、以外の相違也、十余人にすくる事なき也、
一、魚とるゑりの事ハ、むかしハ御代官の進退た
りしを、地下として掠領するよし聞出すについ
て、
塩津以下隣郷のゑりも、みな百姓の我物に仕在
所ハなき間、其引懸をもつて沙汰いたすといへ
とも、
まことに五所・八幡両社の神物たらハ、その支
証あるへし、御百姓証文を出帯して申さむに
いたつてハ、更にその旨をやふるへきにあらす、
たゝほしいまゝに口上をもつて奸訴をいたさ
ハ、

向後たりといふとも、たれか承引あるへきや、
又、
ゑりさす入目、地下の失墜たるよし申
何事哉、二・三貫文にて竹木を買て、一年さゝ
せ
つれハ、そのまゝ四・五ヶ年もおくものなり、
その上
地下の失墜になす事なし、この在所ハ余所の
ゑりの様に、魚も甲斐〳〵しく入事なき由を
申、年中に鮨一・二百ならてハのほする事なし、
しかれハ、すしのため二・卅人の夫をつかふと
申事、大なる私曲なり、
一、炭の事、ハやく在所より大浦まて連々にとり
よせさする事ハ勿論なり、但年中十・廿石にハ
すきす、京上の事ハ舟を借てめしのほせ、坂本
ニ
あつけおきて、用の時とりよするもの也、京都
まて
人夫にてつけさする由申事曲事也、
一、益親兼より地下に触置子細ハ、被官人等百姓ニ
たいし、聊も不儀をふるまふ事あらハ、いはれ
を申たてゝ、一往はそのぬしにわひ事すへし、
若承引せすハ、いそき注進仕れ、かたく成敗
いたすへき由、再三申おくといへとも、事とハ
す
太郎左衛門父子ともに生涯いたさする上は、死
人ニ
たいして種々の非を申かくる事なきを、
証拠として実否を落居すへき哉、雅意に
まかせたる緩怠至極なり、
一、先年菅浦と大浦と盗相論の事は、
菅浦より申様ハ、商売のために敦賀へまか
りこゆる處に、大浦山田のともから、山立を仕
て
殺害するよしを申、大浦にハ夜盗に入、さかい
を見合て討と、むる由を申間、両方召上
対決いたすといへとも、理非不分明間、及湯精
文者也、然者菅浦犯科露顕のうへハ、罪
科のため既大儀をおこして罷下、猛勢を
率して発向仕砌、菅浦古老の御百姓等
数輩、責口まかりいて、頸をのへ降参
仕り、熊谷民少輔をたのミ、地下あやまり
の段、ひらにたすけをかうふるへき由色々
申上ハ、且ハ弓箭の儀理と申、且ハいつれも
領知の百姓たる間、合戦におよハす引帰
畢、然を偏頗のひいきによつて大浦めん
ほくをうしなふ由申歟、両方ともに当
奉行の地たり、何の親疎かあるへき哉、

其時の成敗の次第ハ、近隣の郷庄までも
そのかくれあるへからす、御たつねあるへき
者歟、所詮御百姓申上旨奸謀繁多
…【以下、八二八】…………………………
なりといへとも、一向御不審ひらけかたく候、（方の申状）
張犯の御百姓をめしのほせられ、以対決
可被聞食歟、仍粗言上、如件、
寛正五年四月　日

29　浅井亮政掟書　一通

縦二六・二×横四四・八
室町時代（後期）
重要文化財【二六四】
長浜市西浅井町菅浦　須賀神社蔵

戦国大名浅井氏の初代当主である浅井亮政が、村が隠し事をした場合は、一類共に死罪とし、あるいは村からの追放などの処置とすること。浅井氏が請け取る年貢の減免や、不作による損免を認めること。非法な代官がいれば、その者を罪科に処すことなどを申し渡した文書である。宛名の「大浦上庄」は、現在の西浅井町永原学区の北部（西浅井町庄・中・山門）を指すが、なぜ大浦下庄（大浦・黒山・小山・山田・八田部・月出）の南に隣接する菅浦に、本書が残っているのかは不明である。あるいは、浅井氏が誤って菅浦を「大浦上庄」と認識していたのかもしれない。

「菅浦文書」中には、浅井亮政書状の原本が四通現存し、「内藤方衆」の滞在などについて触れている。しかし、同文書中には、浅井氏二代目当主・久政の文書はなく、三代目の長政の文書は、選銭条目の写しが残存するのみである。浅井久政の時代となる天文十三年（一五四四）からは、浅井氏一族の浅井井伴が代官として派遣され、年貢収納等を行なうようになるので、久政以降は浅井当主が直接下命することはなくなったものと推定される。

湖北における中世村落で、菅浦のように浅井氏から直接命を受ける村があったことは、永禄三年（一五六〇）六月二日の河合・古橋地下人中宛「浅井久政書状」（古橋共有文書）など若干の例が知られるが、その数は多くない。菅浦の場合、庄園体制外の「浦」から出発した集落で、中世においても安定的な庄園領主が存在せず、地侍的な村落領主も誕生しなかった背景が、戦国時代において浅井氏やその一族代官から、直接指示を受ける状況を生んでいたと考えられる。

（包紙）
「浅井亮政殿御掟状」
　　上庄
　大浦所務ニ付而条々事
一、聊も於隠置者、一類可為難儀候、
　或生害させ、或地下を可為得替事、
一、免或損可遣事、
一、代官非分之族候者可有注進候、只今遣候
　所務人者、始終之代官にてハ無之候、案
　内者之由候而、成合令私曲候者、一段可
　罪科事、
　　右、此旨於虚妄者、可及浮沈候之条、
　　不可有後悔者也、
　　　十二月十五日　　　亮政（花押）

30　菅浦惣村契約状　一通

縦二八・五×横四三・二
天文十一年（一五四二）
重要文化財【二六一】
長浜市西浅井町菅浦　須賀神社蔵

天文十一年（一五四二）一月六日に浅井亮政が没したことにより、一時的に浅井氏当主となった浅井明政（亮政の娘婿だが、亮政の子である久政に家督を奪われた）が、菅浦に対して過重な船役を課してきた。これに対して、菅浦は代官の柴三左衛門尉へ嘆願、この役を免除してもらったが、本書はこの一件への感謝を、乙名二名、中老二名、若衆二名が署名して、代官の柴三左衛門尉へ申し送った文書である。以後においては、浅井氏の命令はもちろん、いかなる指令があっても、指示どおり役を務める旨も誓約している。

本書には、天文十三年（一五四四）から菅浦代官となる浅井井伴の裏書があり、表書での規定どおり、浅井氏からの役は拒否してはならないことが確認されている。浅井井伴が、前代の代官から本書を入手し、それに裏書を記して菅浦に送っている事実がわかる。おそらく、前代の代官である柴三左衛門尉は、浅井氏の被官だろう。亮政没後においては年貢以外の面でも、浅井氏による徴用が厳しく行なわれるようになることがわかる。

（端裏書）
「すかうらのそうちうよりのしやうなり」

態以書状申入候、仍新三郎殿様より公事舟之儀、
被仰付候処ニ、各々無沙汰仕候処ニ、堅可被加御
糺明之由承候、惣中余ニ迷惑存知、其様御奉
行之儀候間、各々致祇候在庄仕、御佗事申候

処仁、被成御馳走被相果下候事、各々御芳念
之段忘申間敷候、上之御用之儀者不及申候、
其様於御用ハ、何時ニても候へ、なんそ成共申付可
進候、
若無沙汰仕候者、何時成共可被加御紀明候、惣別加
判可進候処へ共、おとな二人・中老二人・若衆二人
以上
六人加判進候上ハ、於以後少も如在有間敷候、
仍為後日証文状、如件、

西ら　(別)まご太郎へん当(略押)　東はま
新三郎大夫(略押)
同　同
天文十一年正月廿一日　源三郎(略押)　平四郎(略押)
同　同
兵衛三郎(略押)　藤介(略押)
柴三左衛門尉殿　人々御中
参

(裏書)
「如此書付を仕候へ共、種々ことわりを
申候て、あいはたし候上ハ、於以後
別儀有間敷候、仍為後日ニ
其時の代官加判也、
(浅井)
天文十六年十一月　井伴(花押)」

31 浅井井伴山畠銭請取状　一通

縦二五・五×横二〇・五
永禄十一年（一五六八）
重要文化財【一二一六】
長浜市西浅井町菅浦　須賀神社蔵

天文十三年（一五四四）から菅浦代官となった、浅井木工助井伴の年貢請取状である。井伴は「菅浦文書」中に十二通の年貢請取状を残しているが、浅井亮政の弟・越中守井演の子で、元亀争乱で浅井氏の侍大将として戦った七郎井規の父と推定されている（『東浅井郡志』二）。

日指・諸河の年貢（田地）・公事銭（畠地）の領主請取状は、応永十九年（一四一二）から元亀四年（一五七三）まで残存し、田地には二十石の年貢が、畠地には「春成銭」・「秋成銭」と呼ばれる公事銭が、春に十貫文、秋に十貫文、それぞれ賦課され続けていたことが知られる。本書は、前年の「秋成銭」の請取状である。

湖北の中世において、その全域を統治していた浅井氏は、多くの村落から年貢を取っていたと推定されるが、その請取状が残存しているのは菅浦のみである。土地関係のような永続的な証拠文書にもならず、時間が経過すれば処分されてしまう、本書のような請取状が多数残存していることも、「菅浦文書」の価値を高めている一因と言えよう。

請取山畠銭之事
合拾貫文
右皆済
永禄十壱年分次
五月廿日　木工助（花押）
菅浦惣中

32 浅井井伴書下　一通

縦二七・五×横四四・一
永禄十一年（一五六八）
重要文化財【一二五七】
長浜市西浅井町菅浦　須賀神社蔵

33【九二五】で後述するように、浅井氏の被官となったことで菅浦惣中を追放された源三郎親子について、その還住を認め、没収した家屋敷や道具等を返却するよう、菅浦代官の浅井井伴が、菅浦惣中に命じた文書である。ただし、返却してはいけない所職として、神明庵と清応軒の得分等を上げている。

同じ日付で、阿弥陀寺・善応寺が源三郎親子の還住を認め、財産を返付する旨の請文【一二五六】が残っており、本書の命令は確実に実行されたことがわかる。33でも記すように、浅井氏の勢力が、確実に惣村の連帯を破壊していった事実が読み取れる。

如申合候、源三郎親子来秋還住不可有
別儀候、然者家・同屋内・諸道具以下、当
座不取散物共ハ、可被相渡候、其外源三郎
父子自分之諸一職、無別儀可被渡候、
又被渡間敷分之事、
一、神明庵一職之事
一、清応軒徳分并一職之事
右弐ヶ条者、被渡間敷候、仍如件、
永禄十一年四月八日　浅井木工助
井伴（花押）
阿弥陀寺
善応寺
菅浦
惣中

33 菅浦惣中壁書案　一通

縦二八・四×横三九・五
永禄十一年（一五六八）
重要文化財【九二五】
長浜市西浅井町菅浦　須賀神社蔵

菅浦が中世に保有していた自検断（警察権や裁判権）の放棄を宣言した文書と、一般的には紹介される史料である。ここで、菅浦西村の六郎三郎・孫四郎・源三（郎）、東村の衛門尉二郎が惣村の決りを破り、浅井氏（ここでは「地頭」と記される）の力をかりて、不法な行いをしたことを断じると共に、今後において処罰可能な状況になれば、この四人の断罪を行なうことを取り決めている。浅井氏の圧力があり、今すぐには断罪できない所に、「自検断の放棄」と解釈される所以がある。

本書に先だつ、永禄十一年（一五六八）四月八日の阿弥陀寺・善応寺宛「浅井井伴判物」【32、二五七】、同日付の浅井井伴宛「阿弥陀寺・善応寺連署状案」【二五六】などから、源三郎らが神明庵・清応軒などの所持地を没収され、「惣村」によって集落外へ追放させられた状況が伺われる。さらに、同年八月十八日付の浅井井伴宛「菅浦惣中誓約状」【九一三】は、今回の源三郎等の処罰につき、不届きな行為だと浅井氏から「折檻」を受けたことに対する詫び状であった。これらの事実から、本書で言う菅浦「惣村」への不法な行為とは、源三郎らが浅井氏の被官（家来）となり、「惣村」の意向を無視する行為に出たことだと推定される。

本書は、浅井氏の力が「惣村」の自立性を犯した事例であることから、戦国大名への「惣村の敗北」を示す史料として、これまでの菅浦研究では必ず引用されてきた。前述のとおり、前代までの領主と比較し、浅井氏の「惣村」内部（構成員）への介入は強烈なものがあったことは事実だが、だからと言って菅浦の「惣村」機能がこの事件ですべて失われたとするのは、文面の表面的な解釈だろう。

本書は、菅浦の「惣村」が源三郎等追放という断罪を取消し、浅井氏の意向に従い彼等の還住（居住）を許した事件に限定して記されたものである。よって、同村の自治機能すべてについて、活動を停止することを説いたものではない。菅浦の「惣村」はこの時期、戦国大名の浅井氏被官を出してしまうが、その自治機能自体は存続し、近世村へ引き継がれていくと考えた方がよいだろう。

当所壁（書）所之事、守護不入自
検断之所也、然者西二三人六郎三郎・
孫四郎・源三、東ニ一人衛門尉二郎、是四人
在所之背置目、仮地頭号□甚
不可然行在之間、則末代在所之
参会、執分村人・長男・中老、此等
之参会興行之仁於在之者、
先其人を堅可致政道者也、猶以
其仁躰之事者不及申者也、
仍而為後日如件、十六人之長男
東西之中老
永禄十一年十二月拾四日　廿人

34　織田信長禁制写　一通

縦二四・二×横四一・八
元亀元年（一五七〇）
重要文化財【七一三】
長浜市西浅井町菅浦　須賀神社蔵

織田信長が菅浦に出した禁制で、姉川合戦があった元亀元年（一五七〇）六月のものである。この月十九日、織田信長は朝倉攻めに際して離反した浅井氏を攻めるため北近江に侵攻、最初は浅井氏の本城・小谷のすぐ西の虎御前山まで攻め入ったが、無理攻めはできないと判断、一時退却して後方の浅井氏の出城・横山城を包囲した。この横山城を支援にきた浅井・朝倉軍と織田・徳川連合軍が、六月二十八日に、横山城と小谷城の間で川を隔てて戦ったのが姉川合戦である。

本書は、信長が北近江を攻めている状況下、菅浦に乱暴狼藉、放火、それに無理な徴税や、竹林伐採、強引な食糧徴用を行わないことを信長が認めたもの。菅浦が宛名なので、本来は原本が「菅浦文書」中に残るはずだが、現在は残念ながら写しか伝来しない。なお、菅浦には同年六月二十日付「織田信長禁制写」【二三〇】が存在するが、「屋銭」・「酒飯仕出」の文言がないなど文面が異なる。本書（日付なし）と二十日付の禁制を横に並べて筆写した写本【九三一】も存在するが、これらの関連文書の因果関係は不明と言わざるを得ない。

（包紙）
「元亀元年六月信長公御制札写」

禁制　　　　菅浦
一、甲乙人濫妨狼藉之事
一、陣取放火并屋銭等之事
一、伐採竹林并酒飯仕出事
右於違犯之輩者、速可
處厳科者也、仍而下知如件、
元亀元年六月日　信長在判

35　樋口直房書状　一通

縦二五・三×横四一・七
元亀三年（一五七二）
重要文化財【七一二】

長浜市西浅井町菅浦　須賀神社蔵

浅井氏旧臣で、坂田郡番場（米原市番場）の鎌刃城主であった堀秀村の家老・樋口直房が、秀吉の禁制を調達して、菅浦へ届ける旨を伝達した文書である。秀吉は京都にいたようで、直房が京から下った使者に取り継いで、秀吉に依頼する段取りになっていたようである。本書では禁制発給の手配について、直房へも菅浦から礼物が贈られたことを謝している。

樋口直房は信長の北近江侵攻に当たって、主人の堀秀村と共に、最も早く浅井氏から離反した重臣であった。本書は、包紙に「天正元年」とあるが、元亀争乱の間で、唯一秀吉が七月に京都にいた可能性がある元亀三年（一五七二）の文書と考えるべきだろう。この時期、菅浦統治に樋口氏が関わっていたこと、そして樋口氏は秀吉の軍事指揮権下にあったことなどが知られ興味深い。

（包紙）
「天正元年
　樋口三郎兵衛殿状」

其方御制札之儀、
木下藤吉郎殿従
京被下次第仁
申調、御左右可申候、
せん使返申候、両種・
御樽壱荷私江
給候、御懇之儀畏
存候、恐々謹言、

　樋口三郎兵衛尉
七月八日　直房（花押）

菅浦
　百性之御中

36　羽柴秀勝制札　一通

縦二九・〇×横四五・五
天正十年（一五八二）
重要文化財【七一〇】
長浜市西浅井町菅浦　須賀神社蔵

織田信長の四男で秀吉の養子となった於次秀勝が、菅浦に与えた禁制で、菅浦への乱暴狼藉、陣取、竹木伐採などを禁じている。長浜城主でありながら、中国攻めで不在がちな秀吉に代わり、秀勝は天正九年（一五八一）頃から長浜領の統治に関する文書を出している。

本書が出された天正十年（一五八二）六月十七日は、六月二日の本能寺の変を受け、同十三日には山崎合戦で、明智光秀が敗死した直後である、さらに、秀吉は十四日に近江に入り、十五日、光秀の本城・坂本城を陥落させ、十六日には安土、十七日には長浜に至っていた。長浜に帰った秀吉は、美濃国池田郡広瀬村（現在の岐阜県揖斐郡揖斐川町坂内広瀬）に逃れた正室おねや、実母なかを長浜城へ迎える。本書は、この一連の戦闘の中で、菅浦が軍勢によって侵害されないよう保証した禁制と言える。明智の乱により、近江国内の村落においても混乱が生じていたことが知られる。

なお、森岡榮一氏は本書が、阿閉貞大が秀吉によって殺害された混乱を鎮めるために出されたものではないかと述べている。山本山城主（長浜市湖北町山本所在）であった阿閉氏は、その多くが秀吉支配となった北近江内の地について、伊香郡内の一部を単独で信長から与えられていたようである。確かに天正三年（一五七五）二月九日の菅浦舟方中宛「阿閉貞大書状」【四一七】などによれば、浅井氏滅亡後、阿閉氏は菅浦を所領としていたように伺われる。貞大は秀吉が長浜に戻った頃に領民によって殺害された。

（包紙）
「天正十年
御制札　一紙」

すかの浦惣中
　制札
一、軍勢甲乙人
　濫妨狼藉之事
一、陣取放火之事
一、伐採竹木事
右之条々堅令停
止畢、若於違背
之輩者、可處罪科
者也、仍如件、
天正十年六月十七日
　秀勝（花押）

37　石田三成十三ヶ条掟書　一通

縦二九・九×横一八五・〇
文禄五年（一五九六）
重要文化財【一〇三五】
長浜市西浅井町菅浦　須賀神社蔵

佐和山城主だった石田三成が出した十三ヶ条と九ヶ条の掟書のうちで、菅浦へ宛てられた十三ヶ条掟書である。文禄四年（一五九五）七月の豊臣秀次失脚を受け、城主でありながら佐和山周辺に所領を持たなかった三成が、領地を北近江四郡（北から伊香・浅井・坂田・犬上の四郡）全域に得たのを機に出されたものである。十三ヶ条は三成の直轄領へのもの。九ヶ条はその家臣知行地に出されたものである。本書は十三ヶ条なので、菅浦は三成直轄領だったことになる。これらの掟書は、佐和山領であった北近江四郡のどの村にも残存していたはずだが、近代まで現存していたことが確認できるのは、十三ヶ条が本書を入れて十三通、九ヶ条が十通に過ぎない。

　内容は年貢の収納方法について詳細に述べており、農村から町への人口流出を禁じ、農民の確保をうたっている。さらに、代官の非法も訴え出るように述べている。全体に農村において、安定的な農耕が行なわれるよう配慮した施策が打ち出されていると言えよう。三成の民政への習熟度を余すところなく示すが、「惣村」自治の村・菅浦にも、他の北近江の村落と同様に、確実に近世が近づいてきたことが伺われる。

浅井郡之内すがの浦村掟条々
一、千石につめ夫壱人とあひ定るなり、
此外つかふ事あらは、此内印判にてい
くたり出し候へと申つかはすへく候、
然者、奉行人を申付をくへき間、
十二月廿日ニ当村之年中の印判
の書物をあつめあけ可申候、すなはち
はん米をつかハすへき事、（黒印）
一、地下あるきにいたつてハ、代官下代や
とひ申事あらは、その在所里となり
なとへハやとハれ可申候、それも作に
さしあひ入さる儀にめしつかひ候ハヽ、
出し申ましく候事、
一、田畠さくしきの儀ハ、此さき御けん
ち之時、けんち帳にかきのり候者之
さはきニつかまつり、人にとられ候事
も、又むかし我さくしきとて人のを
とり申事もちやうしの事、
一、蔵納田地、きう人かたの百姓作り候ハヽ、
壱石ニ壱升の夫米出すへし、又給
人かたの田地、蔵納の百姓作り候ハヽ、
夫米壱石に弐升あて出すへし、
しぜん此村へ入作おほく候て、夫米・つ
め夫さうようにあまり候ハヽ、此地
下の可徳、田はた作り候て夫に出候
事ならぬものは、夫米出作なみ
に出すへき事、
一、出作にあき候とて、申たきまゝに申
なし、田地あけ候事くせ事たるへし、
又当村の田地をよの村よりあけ候
とも、是又あけさせ申ましき事、
一、来秋より只今遣我々判の升にて
とりやり仕、ふるき升もちゆへから
す、先年けんち衆出たされ候升ニ
ふときほそきある間、とりあつめ、
その中をとりため合遣事、
一、小田原御ちんの年より以後、さいく
の百姓地下を出、ほうこう人・町人・しよく
人になり申やから候ハヽ、あり所を
きゝ、すなはち代官に申候て、我等へ
可申上候、御法度の事ニ候間、とり返し
可申、家中の儀はくるしからす候、
よの家中にハをき申ましき事、
一、なにたる儀によらす、よの村の百姓
はしり、当村へまいり候をかゝへ候ハヽ、
其やとぬしの事は申にをよは
す、地下中くせ事ニせしむへき
間、かねてそのむねを存、よの村百
姓抱へ申ましき事、
一、ぬか・わら以下ニ至るまて、我等用所候て
代官より取儀あらは、少なりともさん
用ニ不相立候ハヽ、めやすにて可申上候事、
一、此村もし給人つきになり候者、さい
せんより給人の村へつかハしをき候法
度書をもちい、これハほんこたるへき事、
一、何事によらす、百姓めいわく仕儀
あらば、そうしやなしにめやすを以、
にはそせう可仕候、如此申候とて、すぢ
なき事申あけ候ハヽ、きうめいのう
へ、けつくその身くせ事たるへく候
間、下にてよくせんさく候て可申上事、
一、年ぐおさめやうの事、壱石ニ弐升
のくち米たるへし、百姓めんくにあ
けにはかり、ふたへたはらにして、五
里のふんハ百姓もち出すへし、五里
の外は百姓のひまニはん米遣候て持
出させ申へく候、此外むつかしき事ある
ましく候事、
一、免の儀にいたつてハ、秋はしめ田をから
さるまへに、田がしらにて見をよひ、
めんの儀相定へし、若百姓と代官
とねんちかいの田あらは、その村ノ上中
下三だんに升つきヲせしめ、免の儀定
べし、猶ねんちかいあらは、いねをかり、
三ツニつみわけ、くし取にいたし、二

ぶん代官へとり、一ぶん百姓さくとく二
取へく候、如此定候上は、代官に見
せすかり取田ハ、免の儀つかハし申
まじき事、
右十三ヶ条如件、
文禄五年
三月朔日　　　治部少（花押）

38　銅造三尊像懸仏　一面

直径三三・七　縁厚〇・九
鎌倉時代（後期）
長浜市西浅井町大浦　神行会蔵

39　銅造阿弥陀三尊像懸仏　一面

直径三八・八　縁厚一・六
永享六年（一四三四）
長浜市西浅井町大浦　神行会蔵

40　銅造阿弥陀三尊像懸仏　一面

直径四八・六　縁厚　二・三
永享七年（一四三五）
長浜市西浅井町大浦　神行会蔵

長浜市西浅井町大浦の大浦十一面腹帯観音堂に伝来する懸仏七面の内の三面である。38は裏面（木製裏板）の墨書がないが、厚く鋳出された尊像、本面を吊すための鐶座や鐶台の形状、それに繁雑を感じない表面の構成などから、鎌倉時代後期の作品と考えられている。他の面との比較などから、尊像は阿弥陀三尊像と推察される。また、現状では大半を欠損するが三尊像は各々光背をともない、中尊上方には天蓋が付けられていたと考えられる。華瓶も一揃であったと見られるが、向かって右側のみが残存する。

39は裏面に墨書があり、室町時代の永享六年（一四三四）の作で、来迎印を結んだ中尊、脇侍共に坐像で表現され、各々光背がつき中尊上には天蓋が付けられる。また、華瓶が附属し、下部に波文が付く。40は裏面墨書から永享七年（一四三五）の作であることが判明する。中尊は坐像でありながら、脇侍は立像で表現される。各々に光背は付くが中尊上には天蓋はない。華瓶は一つを欠き、波文が付く形となっている。

裏面墨書によれば、39と40は源信永なる人物が自身の息災や長寿などを祈って、大浦八幡宮へ奉納したものである。40に「八面」とあるので、現在は同時期のものが六面しかないが、かつては八面あったものとも考えられる。日指・諸河をめぐり、激しく菅浦と対立していた時期の大浦の状況を知る、数少ない資料として貴重である。

39裏面墨書
敬白
奉懸八幡宮御正体
右志趣者奉為天長地久
御願円満殊者信心大施
主息災安穏寿命長遠
心中所願一一成就皆令
満足砌也
永享六年五月十六日
願主信永　　敬白

40裏面墨書
奉施入御正体
大浦八幡宮之
御宝殿安置
八面
永享七年八月日
信心施主源信永

41　起請文相定ニ付取替一札　一通

縦三一・七×横四九・二
寛文四年（一六六四）
長浜市余呉町　下丹生自治会蔵

伊香郡上丹生村（長浜市余呉町上丹生）と下丹生村（同余呉町下丹生）の山争いの決着がつかないので、係争地を「入合」（共有山）として両村が入れるようにした。上丹生村の村人は、約束を違わない旨を誓った起請文を牛王宝印に記し、下丹生神社の神前で焼いて、灰を水に混ぜて飲み誓った。本書は、この経緯を記し、約束を反故にしないことを、上丹生村の庄屋・年寄・「惣中」が、下丹生村の「惣衆中」へ誓った内容である。

ここで、上丹生村の村人は、起請文を牛王宝印に記し、それを神前で焼き、灰を水に溶かして皆が飲むという行為を行なっていたことが知られ、中世以来の起請文の作成と「一味神水」の慣行が、近世にも伝えられていたことがわかる。また、第二条では、山中に六十四ヶ所あったとされる油桐（油実）畑の耕作者も、畑の土を混ぜた「神水」を飲み、この「入合」の約束を守ることを誓ったとある。第三条では、別に作られた起請文を、上丹生村の神社におくと記している。起請文は二通以上が作られ、「一味神水」で焼かれるものと、宮に保存し後日の証拠とするものがあったことがわかる。

本書は、中世以来の起請文をめぐる慣行が記されていることも貴重だが、上丹生村・下丹生村共に、江戸初期に至っても、村落共同体として「惣」あるいは「惣中」があったことが知られる点、菅浦以外の中世村落を考える際には貴重な事例となるだろう。

下丹生については、昭和四十八年（一九七三）に刊行された明治大学近江村落史研究会『滋賀県伊香郡所在文書目録』では、七十九点の中世・近世の売券類を掲載している。平成九年（一九九七）の本館調査では、五十八点しか確認できなかったが、同時に五十点を超える新出文書が発見された。本書も新出分の一通であるが、平成元年（一九八九）に刊行された『余呉町史』資料編下巻には、上記目録掲載分・新出分も含めて十一通ほどの売券類が紹介されている。

起請文に相定約束仕候次第ヲ取替申一札之事

一、江州上丹生村と下丹生と山公事久々仕候へ共、
埒明不申候ニ付テ、両村相談仕、山内之分ハ不
残
証文之通、立合ニ入来候と被申候間、其儀ニ候
へハ、我々
起請文を書、下丹生村神前にて牛玉
其はい御奉行へ渡シ御奉行之御手より
やき、谷々之郷にて、おとこ・坊主共ニ牛
玉のはい、其所々之水にてのミ申候ハヽ、
末代無出入立合に可仕候事、

一、六拾四ヶ所之きり畑之分ハ、其所々にて作
主牛玉之はいと土のミ申候ハヽ、末代いらん
不　つくらせ可申事
申間敷候事、

一、きせうもん書被申候ハヽ、其起請文ヲ上丹生村
可申事　　　　　　　おとこ共
宮ニ納置（中上ハ）、いつわり申方へ御はつ
又ハ坊主共ニ
をうけ可申候ハヽ、起請文之内へ書入可申候事、
右之趣ニ壱人成共かけおち仕候ハヽ、山へ入申
間敷候事、為後日ニ如件、

上丹生村
庄屋　伊右衛門
年寄　三郎右衛門
同　源兵衛
同　はつ五郎
同　伝蔵
惣中

右之通起請之時節ニ、少も相違
有間敷候、為其仍如件、
寛文四年
辰ノ三月二日
下丹生
惣衆中参

42　難波村牛頭天王寄進留書　一通

縦二七・〇×横一八四・七
文明二年（一四七〇）
長浜市難波町　神事中組蔵

浅井郡難波村（長浜市難波町）の牛頭天王社（現在の八坂神社）の神領を書き上げ、難波村惣中の乙名として管理することを定めた文書である。さらに最後に、難波村の西隣に当る新居村（長浜市新居町）の土豪三人（笠原源七郎・笠原弥九郎・大橋修理）が、同社領を家来たちが侵害することのないよう誓約した、天文二十年（一五五一）三月十日付の文書が付属している。本書は、この天文の誓約書（本来は折紙とある）が難波村に届いた際に作成された案文（写）と記されており、正確な成立年代は天文二十年となろう。ただし、神領の書上としては文明二年（一四七〇）の状況を示す。

神領は田畠三十筆からなり、多くが難波村や近隣の有力者から寄進されたものである。難波村の者としては、大細工大夫以下が知られ、村外の者としては、弓削村の中井殿・笠原権九郎・弓削式部殿・同彦右衛門尉殿、内保村の松林坊、新居村の大橋殿などの名前が見て取れる。「分米」とあるのが神領としての得分、いわゆる加地子（小作料）で耕作者は別にいると考えた方がいい。神領の中には、「念仏田」・「天王油田」など用途を限定した田地や、「三月三日・九月九日之田」・「霜月まつり田」など、村落で行なわれる年中行事の経費に当てられる田地が見られる。中世「惣村」での祭礼の実態を示し興味深い。

本書の神領の書上は「難波村惣中」と名前で記され、文中にも「おとな（乙名）」が神領管理の責任者として登場するなど、菅浦と同様、乙名によって主導される「惣村」が、浅井郡の他村にも存在したことを示す。長浜市内では、「菅浦文書」以外で中世における「惣村」の実在を証明する史料は少なく、本書の価値はすこぶる高いと言えよう。

江州浅井郡難波村牛頭天皇江
御寄進帳之事

一、天皇居館之内壱町七段参畝拾八歩也

一、畠壱町者　字あわす畠
此分米六石也、但弓削中井殿後生菩提ノ爲ニ
御寄進

一、畠壱町者　字中かきうだう
此分米六石、為父母之狩野右京亮殿御寄進、

一、畠弐反者　字よこ枕北之二・三也
此分米壱石弐斗、難波大細工大夫寄進也、

一、畠五畝者　字古堂館北ニ付テ東之一
此分米参斗五升、難波忠大夫寄進、

一、畠五畝者　字古堂館北ニ付テ二、念仏田
此分米四斗、松林坊御寄進也

一、畠五畝者　字古堂館北ニ付テ東ノ五、天王油田也

此分米参斗五升、左近大夫寄進、
一、畠参畝者　字古堂館西ニ付テ南ノ二
　此分米参斗五升、忠大夫寄進
一、畠参畝者　字古堂館、但五・六ノ内中ニ付テ有之
　此分米参斗五升、大細工大夫寄進
一、畠貮反者　字天王かいと西ノ一・二
　此分米壱石三斗、弥七殿・弥二郎衛門尉殿・
　　大細工右衛門殿両三人之寄進也、
一、畠五畝者　字橋ノつめ北ニ付テ東之二也
　此分米参斗、いぬ井庄司・右馬大夫寄進
一、畠弐畝者　字古堂館北ニ付テ
　此分米壱斗六升、源右衛門尉殿寄進也
一、畠壹段者　落合之東かわら、但念仏田也
　此分米七斗者、左近大夫殿・越後殿両人之寄進也
一、畠壱段者　字東かわら、但右近大夫屋敷也、
　此分米壱石弐斗、但此内ヨリ薬師堂之はぶく、
　　竹入次第ニ
　出申候也、左近大夫・大細工大夫・乾庄司三
　　人ノ寄進
一、田壱反者　字寺西南ノ二、但三月三日・九月九日之
　田也、此分米壱石六斗、弓削御中井殿御寄進
一、田壹反者　字宮里北ノ三
　此分米六斗五升、新井大橋殿御寄進田
一、畠壱畝者　字四ノ坪
　此分米壱斗、かさ原権九郎殿御寄進
一、田壱段者　字南はさま東之一
　此分米壱石六斗、弓削中井殿御寄進
一、田壱段者　字五反田北之二
　此分米壱石六斗、北殿御寄進也
一、田七畝者　字ぼけ原北ニ付テ東ノ二
　此分米壱石者、弓削式部殿御寄進也
一、田参畝者　字わふとり西之五
　此分米五斗、かさ原権九郎殿御寄進也
一、田壱反者　字よつい北ニ付テ西ノ二
　此分米壱石六斗、弓削彦右衛門尉殿御寄進也
一、田弐反者　字くほ田南ノ一・二
　此分米参石弐斗、内保松林坊寄進也
一、田壱段者、字いたどり北ノ一
　此分米壱石六斗、内保松林坊御寄進也
一、田壱反弐畝者　字すも丶北ノ二
　此分米壱壹石者、内保松林坊御寄進也
一、畠五畝者　字こしまい畠南ニ付テ東ノ三
　此分米三斗、弓削彦右衛門尉殿御寄進也
一、壱畝拾歩者　字中井殿まへたねいけ
　弓削中井殿御寄進也
一、中村道よこ六尺、たて七反きり也
　弓削中井殿御きしん也
一、畠五畝者　字ふかう北ニ付テ東ノ四也、霜月ま
　つり田也
　此分米参斗五升、弓削彦右衛門尉殿御寄進也
一、畠壱反者　字梅ノ木かいと南ノ二
　此分米六斗、弓削彦右衛門尉殿御寄進也
　　以上
右所之書物いちれうニ付而相渡申候、然者
拾貮人之所之おとなとして、此田畠古来
より裁判仕候者也、又れう川のば、上者
すむらのなわさかいより、下者南北郷ノなわ
さかいまて、難波ノ牛頭天王之紳領なり、
おとなとして裁判也、若古来之おき目を
そむき、何歟申者候ハヽ、以此一行、如
先規之裁判可仕者也、仍而所定
如斯、
　　難波村
文明二年五月十六日　惣中

難波村かきなかす川あちの事、南ニ付而川
半分者、難波之永領也、我等家来之者
仕候者有之者、難波村おとな衆より、我等
所江可被届候、其者之事者申不及、
其者之つるはまて成敗可仕候、為其
状、如斯、
天文廿年　　新井
　三月十日　笠原源七郎
　　　笠原弥九郎
　　　大橋修理
右三人より難波江給候折かみの
案文也、

43　三十六歌仙板絵　三枚

①縦三六・三×横一三六・五
②縦三六・五×横一三六・五
③縦三六・七×横一三六・一
慶長七年（一六〇二）
長浜市西浅井町菅浦　須賀神社蔵

三十六歌仙の姿とその和歌を記した板絵。三十六歌仙は、平安時代の歌人・藤原公任（九六六～一〇四一）が編した『三十六人撰』に載る和歌名人三十六人の総称である。三十六歌仙絵は、平安後期頃から制作され始めたと考えられ、鎌倉時代に盛行、絵巻や扁額、屏風など様々な形式で描かれた。室町時代になると扁額の形式で神社に奉納されるようになる。本作も板裏の墨書（三枚共に、ほぼ同様の墨書あり）から、慶長七年（一六〇二）に嶋津忠実により八王子社に寄進されたものとわかる。

嶋津忠実は膳所代官であった人物。菅浦は近世には膳所藩の支配下に置かれ、嶋津氏は菅浦の村役人の中から選出された在地代官である。八王子社は、明治の初めに小林神社となり、さらに明治四十二年（一九〇九）、保良神社・赤崎神社と合祀され、須賀神社となった。三社の寺宝は合祀と共に須賀神社に移され、現在は菅浦郷土史料館に収蔵されている。本作は、本来は八王子社の拝殿に掲げられたものであろう。

本作は、画面の剥落が著しく図様は判然としないが、一枚に六歌仙ずつ、計三面・十八歌仙の姿を描いている。残りの十八歌仙を描いた板絵は現存しない。各図とも上部の色紙形に和歌一首を記し、下部に歌仙の名とその姿を描く。描かれた歌仙は、一枚目①右から、紀貫之・伊勢・山部赤人・僧正遍昭・紀友則・小野小町。二枚目②左から、藤原兼輔・藤原敦忠・源公忠・斎宮女御・源宗于（みなもとのむねゆき）・藤原敏行。三枚目③左から、藤原清正・藤原興風（おきかぜ）・大中臣（おおなかとみの）能宣（よしのぶ）・坂上是則・小大君（こだいのきみ）・平兼盛である。尊崇の対象であった歌仙は謹直な線で気品ある姿で描かれることが多いが、本作ではゆったりとした墨線で簡潔に輪郭され、穏やかで素朴な面貌をした歌仙の姿が窺える。江戸時代、地方に広がった歌仙絵の一例として貴重である。

【①墨書銘】
八王子御宮
為御祈祷
奉寄進
　慶長七年六月吉日
　江州浅井郡菅浦住人
右一　　　新次郎
　　　　　　忠実（花押）

44　木造狛犬　一対

（阿形）像高　四四・〇　（吽形）像高　四〇・〇
室町時代（後期）
長浜市西浅井町菅浦　須賀神社蔵

45　木造狛犬　一対

（阿形）像高　三七・五　（吽形）像高　三三・〇
室町時代（後期）
長浜市西浅井町菅浦　須賀神社蔵

須賀神社の社殿から発見された狛犬二対で、破損は甚だしいが、その形状から「菅浦文書」が最もよく残る時代である室町時代後期の作品と推定される。

44は摩耗が激しいものの、ほぼ完形で伝来する。特に「阿形」は、当時の迫力ある姿を彷彿させる。両形とも、後部には「たてがみ」の形状を確認することができる。45は摩耗が著しく、いずれの足先も欠損する他、「阿形」の頭部を欠き、「吽（うん）形」も頭部後方が故意に四角く切り取られている。

菅浦・大浦鳥瞰図　イラスト／佐々木洋一　監修／菅浦「惣村」の会
中世の菅浦・大浦の景観を想定して葛籠尾崎を西から鳥瞰した。

中世の菅浦復元図　イラスト／佐々木洋一　監修／菅浦「惣村」の会
太田浩司「中世菅浦の村落領域構成―景観復元を通して―」（『史林』70－4　所収）1987年、伊藤裕久『中世集落の空間構造―惣的結合と住居集合の歴史的展開』生活史研究所　1992年　を参照して作成した。

現在の菅浦図　イラスト／佐々木洋一　監修／菅浦「惣村」の会

中世菅浦年表

年号		月日等	事項
元号	西暦		
長久二年	一〇四一		日指・諸河の地を含む大浦庄が園城寺円満院領として立券することが認められる。 竹生島を崇敬する大浦庄の雑掌が菅浦の地を竹生島に寄進。 菅浦は、延暦寺檀那院を本所とし竹生島を領家とする。
貞応二年	一二二三	十一月	菅浦供御人等に、諸方の狼藉を停止し供御役を滞りなく勤めるよう御厨子所目代下文が出される。【七一七】
文永十一年	一二七四	十一月	菅浦の住民が大浦山口に入るのを拒否される。
建治二年	一二七六	十二月	菅浦住民の入山が許可される。ただし、材木の伐採は禁止、滞りなく山手を払うことを条件とする。
弘安五年	一二八二	六月一日	菅浦の百姓が大浦庄の野山に入ることを許可される。
永仁三年	一二九五	九月二十日	日指・諸河の田地四町八段のうち定使給の三段を除く四町五段の田畠が菅浦住民に宛て行われる。 菅浦の公文俊賢が人勢を引率して刈田狼藉を強行。大浦の百姓を殺害する。
		十二月二十三日	大浦庄の雑掌が、六波羅・院の法廷に菅浦の襲撃事件を訴える。
永仁四年	一二九六	四月七日	菅浦、日指・諸河の耕地を二十九番に編成し、各番に二人ずつの作人を割り当てる。
		十一月	蔵人所が日指・諸河への甲乙人等の乱入狼藉を禁じる。【七一六】
永仁五年	一二九七	十二月	惣追捕使熊谷直村の子とその弟が菅浦に打入り、狼藉を働く。
正安四年	一三〇二	六月五日	院宣により、官使左史生紀業弘が菅浦と大浦の堺を実地検分する。
		七月三日	菅浦、日指・諸河の領有をめぐる紛争処理費用に関する紛失状を作成する。
		八月十七日	菅浦・大浦立会いのもと、絵図を作成。これに基づき現地調査が実施される。
		八月二十一日	赤崎浜で菅浦と大浦が境界をめぐり協議するも、水掛け論に終わる。
嘉元二年	一三〇四		官使紀業弘の実検結果を受け、後宇多院が院宣を下す。 「菅浦と大浦庄堺相論事、両方の証文分明ならず、承元以後の検注帳の坪付を守って御進止あるべし」【七五一】
嘉元三年	一三〇五	二月十二日	菅浦、日吉社から「日吉十禅師彼岸上分物」として百五十貫文を借用。
		二月	菅浦、日指・諸河の田畠半分を延暦寺に寄進。日吉八王子社・二宮権現の神人として神役に勤仕する。【七二】
		三月	日指・諸河から供御を納めた十名の名字を注進、内蔵領有であることを確認する。
		八月五日	大浦勢数百人が海路陸路の二手に分かれて菅浦に侵入、神人等の家内に乱入し資財を奪い取る。菅浦の藤二郎の刃傷におよぶ。 菅浦はこれに対して申状を作成、山門に訴える。
		八月十二日	浅井郡守護代が菅浦の藤二郎の傷を実検。【七四二】 菅浦は取り押さえた大浦の船の櫓三挺を証拠物件として提出する。
		九月七日	大浦が再度菅浦を攻撃し、公人・宮仕に打擲・刃傷を加える。
		十二月二十日	檀那院政所集会に集まった山僧が「大浦庄に於いては、見合に随い破却せらるべし」との決議を院に提出する。【七四四】 檀那院の要求にもとづき、官使が派遣されるも、菅浦側の主張は認められず。
延慶二年	一三〇九	七月	檀那院が改めて供僧等申状を提出。改めて日指・諸河の領有復活をはかるも、伏見上皇の院宣が下され菅浦側は敗訴。
建武元年	一三三四	二月	大浦の沙汰人・百姓が日指・諸河に乱入する。菅浦は、竹生島を通じて雑訴決断所に訴え出る。
		五月	菅浦の日指・諸河沙汰付を命じる雑訴決断所牒が出されるが、大浦側は武装抵抗してこれを拒否する。
		十月	竹生島は再び訴えを起こす。菅浦は新たな証拠文書として、「乾元元年」の紀業弘注進状と絵図を提出する。
		十一月九日	菅浦の供御人藤二郎が平方浦で襲撃を受け、船・積荷が差し押さえられる。
		十二月十三日	「大浦下庄」の敗訴を宣言した後醍醐天皇綸旨が下る。初めて菅浦に有利な裁許が下される。
		十二月二十二日	同様の襲撃事件が起こり、菅浦の供御人平四郎の船・積荷が差し押さえられる。
建武二年	一三三五	正月	菅浦、不法を断じ船・積荷を戻すよう、申状を作成する。【二八六】
		八月	堅田による漁撈妨害を朝廷に訴える。また、菅浦の在家に住む七十二宇の者全てが供御人としての身分が保証されるよう求める。 湖上での漁や廻船の渡世を煩いなくなし行えることを認められる。 内蔵寮に、鯉三十匹・麦一石四斗余・枇杷二駄・大豆一石三斗余を納める契約状が作成される。【三九八】
暦応二年	一三三九	七月十九日	菅浦・大浦境界相論について、北朝光厳院の院庁文殿で審議が再開される。
暦応三年	一三四〇	三月二十日	日指・諸河は円満院領と認める光厳上皇の院宣が下され、大浦側の勝訴となる。 この裁定を不服とした菅浦は、檀那院衆徒等申状を提出して異議を唱える。
暦応五年	一三四二	三月十一日	菅浦、「日指・諸河田地注文」【三二六】を作成。四町五反半三十四分の田地が住人七十二名に配分される。

貞和元年	一三四五	七月	菅浦の最長老・成願らが、「違勅」の行為（日指・諸河の耕地での暴行行為）ありとして、大浦から訴えられる。 成願等の行為を追及する武家御教書が発令される。 菅浦雑掌は、成願等の引渡しに同意。その引き換えとして、大浦庄が押領した赤崎谷尾神楊の間の「一浦在家」の返還を要求。【四】
貞和二年	一三四六	三月二日	在家の返還は実現せず、菅浦も成願等の引渡しを行わなかった。
		九月	「菅浦惣置文」【一八〇】が作成される。（菅浦文書に初めて「惣」の語が現れる） 日指・諸河の田畠について永代売りを禁止し、これに背いた者は惣出仕を止められる。
貞和五年	一三四九	五月二十一日	近江国守護方の義祐・長経が成願等の「違勅」事件を調査する。 日指・諸河は長久の官符によって菅浦領内であることは明らかで、成願等の行為は違勅にあたらないとの判断が下される。
		七月十日	大浦が多勢で日指・諸河の作物を刈り散る。菅浦は、この報復として大浦庄内に押寄せて在家に乱入・掠奪する。
		七月十七日	大浦庄雑掌が、菅浦の連日におよぶ横暴を近江国守護所に訴える。
		七月二十八日	守護は大浦の訴えを認めず、菅浦に理があるものとして朝廷に報告する。
観応元年	一三五〇	六月十五日	大浦側が多勢を率いて菅浦領内に侵入、粟などの作物を五町余り刈り取り、菅浦住民を打擲する。
		六月二十日	近江国守護代が、菅浦の注進に基づき大浦暴行人の召し出しを大浦庄預所に要求する。
		八月	菅浦、湊を隔てた大浦庄下司職の日吉八王子神領「小津久見名田五段」に進出、延暦寺衆徒から訴えられる。
観応二年	一三五一	九月二十三日	領主・梶井宮が菅浦の預所を改替、廊房僧都を任命するも、菅浦側が命令をきかず、両者の間が紛糾する。
文和元年	一三五二	四月二日	菅浦に日吉社の宮仕三名が差し下されるが、住民が彼らを打擲する事件が発生する。
		四月九日	菅浦の地下沙汰人の仲介により、紛争は和談に向くが、菅浦から出された官請文の年号が南朝年号を使用していたことから、日吉社が、菅浦の行為は凶徒（南朝方）に与力する陰謀であると主張する。
		四月十四日	日吉社政所が、湖上を往反する菅浦の船を妨害。さらに、菅浦「開田大所」への出作を禁止する。
文和二年	一三五三		守護方の伊香郡使西野又五郎入道が、菅浦への侵入を試みる。守護方の乱暴狼藉として、山門が激しく抗議する。 他阿上人託阿が時宗寺院として阿弥陀寺を開基。
永和五年	一三七九	二月十六日	菅浦住民の嘆願により、日指・諸河が大浦庄内であることを確認した上で、同地が「還補」される。 年貢二十貫文と春地子（春成）・秋地子（秋成）各十貫文を収めることで、日指・諸河での耕作継続が認められる。
		六月二十九日	「日差・諸河下地」に関する守護代目賀田幸忠の宛行状が発給され、大浦との相論は一応の決着をみることとなる。
文安二年～三年	一四四五～一四四六		菅浦と大浦との文安相論が展開する。（列品解説25参照）
文安六年	一四四九	二月十三日	越後公が文安の訴訟に関する記録を執筆する。（「菅浦惣庄合戦注記」【六二八】）
寛正二年	一四六一		菅浦と大浦との寛正相論が展開する。（列品解説26参照）
文明二年	一四七〇		地下の乙名二十人の責任で前田年貢五石（米一石・小麦五斗・大豆三石五斗）、枇杷分として柑子三百前を納める。
文明三年	一四七一	十二月	大浦庄への年貢負担を十石十貫とする。さらに、代官不入の約束をとりつけ、菅浦の自立を強化する。
永正十二年	一五一五	三月晦日	菅浦惣庄、正阿・清検校らの連署をもって、四石九斗五升の米を借用。
大永三年	一五二三	十一月	浅見貞則が守人衆の買得した田畠・山・屋敷を没収し知行すると申し入れる。
天文三年	一五三四	十二月九日	菅浦惣中は、竹生島に対して、近年滞納している切米や彼岸米、油、麦等を納めるとする契約状を作成。
天文五年	一五三六	八月二十四日	浅井氏の家臣・中村甚左衛門から四十貫文を借用。
		九月七日	菅浦、熊谷甚次郎から二十貫文を借用。
天文十年	一五四一		京極高延と浅井亮政との合戦にあたり、菅浦の公事船五十六艘が徴用される。 船の徴用を拒否する菅浦に対し、浅井氏から厳密に糺明するとの沙汰がある。
天文十一年	一五四二	一月二十一日	菅浦惣中、浅井の奉行である柴三左衛門尉を通じて浅井氏への忠誠を誓う契状を提出。【二六一】
永禄十一年	一五六八		菅浦を追放されていた源三郎父子が、阿弥陀寺などの口添えで、菅浦への「還住」をもくろむ。
		四月	菅浦は自検断・守護不入を盾に抵抗するが、浅井木工助井伴が調停に入る。【二七五】 阿弥陀寺・善応寺が浅井井伴に誓約状を提出する。
		十二月十四日	菅浦惣中、十六名の「長男」と東西の「中老」四名の署名による置文を作成する。【九二五】
慶長七年	一六〇二		慶長検地帳によれば、浅井郡菅浦村は、田五町四反余・高五九石余、畑六六町一反余・四一三石余、名請人一二六、うち屋敷地登録一〇一。
寛永年間	一六二四～一六四三		寛永石高帳によれば、村高四七三石余、膳所藩領（幕末に至る）。

【参考文献】日本歴史地名体系25『滋賀県の地名』平凡社　一九九一年
長浜市文化財保護センター『菅浦の湖岸集落景観保存活用計画報告書』滋賀県長浜市　二〇一四年

作成：福井智英（長浜市長浜城歴史博物館）

菅浦日指の田地　撮影／寿福滋

参考文献

＊中世菅浦についての資料集・辞典類・論文については、以下に示す田中克行氏の著作に一覧表が掲載されているので参照頂きたい。ここには、本書で主に列品解説で参照した論文を掲示する（初出論考のみを記した）。本書に掲載した各論考における「参考文献」は、その文末に掲示した。

赤松俊秀「供御人と惣—近江菅浦の歴史—」（『京都大学文学部五十周年記念論集』所収）一九五六年
網野善彦「湖の民と惣の自治—近江菅浦—」（稲垣泰彦編『荘園の世界』 東京大学出版会　所収）一九七三年
瀬田勝哉「菅浦絵図考」（『武蔵大学人文学会雑誌』七—二　所収）一九七六年
太田浩司「田畠と惣—中世近江国菅浦における開発をめぐって—」（『明治大学大学院紀要』二四四　所収）一九八七年
太田浩司「中世菅浦における村落領域構成—景観復元を通して—」（『史林』七〇—四　所収）一九八七年
森岡榮一「羽柴於次秀勝について」（『市立長浜城歴史博物館年報』一　所収）一九八七年
下坂守「菅浦絵図の成立をめぐって」（葛川絵図研究会編『絵図のコスモロジー』上　地人書房　所収）一九八八年
湯浅治久「戦国期の「徳政」と在地社会—主に村落との関連で—」（『人民の歴史学』一〇二　所収）一九八九年
田中克行『中世の惣村と文書』 山川出版社　一九九八年
長浜市文化財保護センター『菅浦の湖岸集落景観保存活用計画報告書』 滋賀県長浜市　二〇一四年

編集スタッフ
太田　浩司（長浜市長浜城歴史博物館　館長）
鐘居　和男（長浜市長浜城歴史博物館　副館長）
森岡　榮一（長浜市長浜城歴史博物館　副参事）
北村　大輔（長浜市長浜城歴史博物館　副参事）
福井　智英（長浜市長浜城歴史博物館　主幹）
牛谷　好伸（長浜市長浜城歴史博物館　主査）
中山　芳章（長浜市長浜城歴史博物館　主査）
百々なつみ（長浜市長浜城歴史博物館　事務員）
大竹　悦子（長浜市長浜城歴史博物館　学芸員）
住　知亜紀（長浜市長浜城歴史博物館　事務員）
井上　麻衣（長浜市長浜城歴史博物館　事務員）
前澤　美華（長浜市長浜城歴史博物館　事務員）

制作スタッフ
藤本　秀樹（サンライズ出版）
岸田　詳子（サンライズ出版）

主催　長浜市長浜城歴史博物館・長浜市西浅井町菅浦自治会
後援　滋賀大学経済学部附属史料館

菅浦（すがうら）文書が語る民衆の歴史
―日本中世の村落社会―

発行日　平成二十六年十一月一日
企画・編集　長浜市長浜城歴史博物館
制作　サンライズ出版
発行　長浜市長浜城歴史博物館
〒五二六―〇〇六五
滋賀県長浜市公園町一〇―一〇
電話　〇七四九（六三）四六一一
発売元　サンライズ出版
〒五二二―〇〇〇四
滋賀県彦根市鳥居本町六五五―一
電話　〇七四九（二二）〇六二七

ISBN978-4-88325-551-1 C0021